우리가
지상에 보내진
목적

우리가 지상에 보내진 목적

초판1쇄	2025년 3월 28일
지은이	이호혁
펴낸이	김명준
펴낸곳	하늘정원
주소	인천시 미추홀구 인하로 120번길 24-13 1층
전화	(032) 427-1719
팩스	(032) 428-1928
편집부	(032) 431-7792
메일	cpcubook@ hanmail.net
출판사등록	351-2007-00016호
ISBN	979-11-961088-3-0 03230

이 책의 저작권은 저자와 도서출판하늘정원에 있습니다. 저자와 출판사의 서면 동의 없이 내용의 일부를 인용하거나 발췌하는 것을 금합니다.

한국기독교출판공동체는 진리의 복음을 토대로 한 도서출판 바울과 그리스도의 향기를 담은 도서출판 예향과 하늘의 정원에 심겨진 사랑을 전하는 도서출판 하늘정원의 책들로 문서선교의 통로로 복음을 전합니다.

- 잘못된 책은 매장에서 교환해 드립니다.
- 책 가격은 뒷표지에 있습니다.

우리가 지상에 보내진 목적

이호혁 지음

들어가는 글

하늘에 무수히 많은 별들처럼 지상에 무수한 사람이 떠돈다. 이 우주 안에서 이 지구는 무엇인가? 우리의 고향도 아니요 유원지도 아니요 목적지도 아닌데. 지상은 진리의 학교다. 우리는 이 진리의 학교에서 생명의 진리를 배우다가 마침내 우리를 만드신 분의 나라에서 보석 같은 생명체가 되기 위해 여기에 보내졌다. 그런 의미에서 인생은 선물이다. 우리는 이 선물을 감사해야 한다.

그런데 지상의 수많은 사람들이 길 잃은 별들이 된다. 길을 잃었다는 것은 자기 존재의 근원과 의미와 이유와 목적을 모르고, 그것과 상관없이 떠돌다가 성냥불처럼 꺼져버린다는 뜻이다. 밤하늘에 찬란하게 솟구치다가 잠깐 사이에 명멸하는 불꽃처럼, 그들은 잠깐 자신의 젊음을 이 세상에 태우며 반짝이다가 속절없이 사라진다.

인간에게 슬프고 황당한 일이 있다. 그것은 자기가 무엇이며 누가 자기를 여기에 보냈으며 이 세상이 무엇이며 자기가 여기서 무엇을 해야 하는지를 모르면서도 아무렇지 않게 살아간다는 것이다. 마치 연기를 위해서 자기를 분장시켜 무대에 오르게 한 감독이 누군지, 자기가 올라온 곳이 어디인지, 자기가 무엇이며 왜 이곳에 서있으며 무엇을 해야 하는지를 모르는 배우처럼. 그렇게 인생은 무지 속에서 사위어 간다. 사람이 그것을 어떻게 알 수 있느냐고? 한 가지는 분명하다.

당신과 나의 깊은 곳엔 작게는 자기 자신 크게는 뭇 존재에 대한 억누를 수 없는 의문이 있다는 것이다. 그 의문은 우리 스스로 만든 것이 아니다. 우리가 만든 것이 아니라면 주어진 것이요 주어진 것이라면 답변이 있을 수밖에 없다. 답변이 없는 것이라면 의문도 주어지지 않았을 테니까. 답을 찾아야 한다. 비극은 인간에게 존재와 존재 의미와 목적을 부여하신 하나님에게서 그 답을 찾지 않고 인간 스스로에게서 답을 찾으려고 한다는 데 있는 것이다.

당신은 이 세상을 만들지 않았고, 당신 자신을 만들지도 않았다. 따라서 당신은 당신의 기원과 정체성과 존재 이유와 존재 의미와 존재 방향을 알 수가 없다. 그러니 당신의 기원과 정체성과 존재 이유와 존재 의미와 존재 방향을 당신 스스로 설정해선 안 된다.

그런 행위가 인본주의 행태요 포스모더니즘의 행태다. 그들은 사실과 그 사실 속에 담긴 가치를 분리하여 제멋대로 가치를 부여하고 또 그렇게 부여하라고 주문한다. 그것은 철학적 이단이요 사교 집단의 행동이다. 그것은, 컵을 만든 사람만이 컵의 정체성과 목적을 결정한다는 사실을 무시하고 컵 스스로가 자기에게 정체성과 목적을 부여하려는 월권행위이기 때문이다.

인간에 대한 주권과 인간을 둘러싼 사물들에 대한 주권은 인간에게 있지 않고 창조주에게 있다. 그래서 우리의 의미를 그분 안에서 찾아야 하는 것이다. 우리는 해변에서 보물찾기를 하는 아이다. 보물의 이름은 예수 그리스도다. 우리가 세상이라는 해변에서 이 보물을 찾아 품에 안는 순간 우리는 존재의 의미를 알게 되고 우리는 그분의 품안에 안식하는 별이 될 것이다. 그것이 우리가 이 해변에 들어온 목적이다. 물론 그것은 은혜로 이루어진다.

우리는 은혜로 이 세상에 태어났고, 은혜로 죄와 멸망에서 구원받았고, 또 은혜로 우리의 인생도 구원받을 것이다. 그분을 믿고 그분을 경외해야 한다. 지금 우리가 걷는 세계엔 거센 비가 내리고 눈이 내리고 광풍이 불고 있다. 당신과 나의 옷이 젖고 있다. 그러나 여기서 주님을 만났고 그분과 하나가 된 자들은 잠깐의 이 지상 여정 후 저 높은 곳으로 올라갈 것이다. 나는 인간의 지상 생애를 세 가지 측면에서 나누어 설명해보려고 한다. 즉 우리의 태어남엔 지적 목적, 영적 목적, 실천적 목적이 함의되어 있다는 것. 이런 생애를 우리에게 주신 하나님을 찬양하자. 당신과 나의 생이 끝날 때까지 은혜가 덮어주시길…

예수 그리스도의 이름으로
이 호 혁

왜 그럼 하나님께선 지구라는 인간의 무대를 중시하시는가?

하나님께는 우주 창조가 우선적 목적이 아니라

하나님 나라의 완성이 목적이시다.

차례

들어가는 글 - 4

1부 지적 목적

우리는 알기 위해 이 세계로 들어왔다	- 14
길 잃은 별들	- 20
하나님	- 26
죄	- 34
예수 그리스도	- 42
십자가	- 50
실체와 그림자	- 58
자기 자신	- 66
인생의 목적	- 76
인생의 의무	- 84

2부 영적 목적

우리는 영생으로 가기 위해 이 세계로 들어왔다	- 92
영생의 본질	- 100
준엄한 시험장	- 108
위로 향한 통로	- 114
당신-나	- 122
인연	- 130
복음과의 만남	- 136
복음이 보여주는 것	- 144
영혼	- 150
부활을 기다리다	- 158

3부 실천적 목적

태초에 관계가 있었다	- 168
우리는 사랑하기 위해 이 세계로 들어왔다	- 176
사랑으로의 부르심	- 182
인간은 사랑을 입었다	- 190
사랑은 동기다	- 198
구원된 사랑	- 206
야간열차	- 214
권력, 신앙, 사랑	- 220
두 여인	- 228
머무르고 싶었던 순간들	- 224

The purpose of our being sent to this land

1부

지적 목적

우리는 알기 위해
_____ 이 세계로 들어왔다 _____

"우리가 세상에 태어났다는 것은 숭고한 목적의 세계 속으로 들어왔음을 뜻함이요, 우리가 살아간다는 것은 이것을 알기 위함인 것이다."

여름철, 어느 초등학교 미술시간에 한 소녀가 창밖 풍경화를 그리고 있었다. 푸른 하늘, 뭉게구름, 교정, 교정의 향나무, 벚나무, 플라타나스, 푸른 잎사귀들, 등나무 아래 나무벤치들, 나무껍질에 날아와 앉은 무당벌레나 풍뎅이, 화단에 들락날락거리는 벌과 나비들, 대기 속을 날고 있는 잠자리들…. 화폭에 담을 수 있는 것들은 다 담았다. 여름이 가고 시간이 흘러 겨울이 되었다.

눈 내리는 어느 날 오후 다시 돌아온 미술시간에 소녀는 다시 스케치북을 펼쳐서 풍경화를 그린다. 어두운 겨울하늘에서 내리는 눈송이가 화단이며 나무벤치며 운동장을 덮고, 벌거벗은 나뭇가지들 위에 하얀 눈꽃이 피었다. 창가에 눈 알갱이들이 조용히 내려와 부딪히고는 부서진다. 휴식 시간에 아우성치던 아이들의 발자국들이 설원이 된 운동장에 희미하게 남아 있다가 다시 덮여버린다.

소녀는 문득 자기 뺨에 떨어지던 눈송이들이며 친구들과의 정겨운 눈싸움이 생각났다. 작년 겨울 강설이 그친 마당에서 보았던 맑은 밤하늘에 떠있던 달과 별들도 기억났다. 지붕의 눈이 녹아내리면서 지붕 끝에 맺힌 고드름을 따던 일도 생각났다.

이 세상에 눈처럼 순결한 은총을 상징하는 물체가 있을까? 또 성탄절을 맞아 자기가 다니는 예배당 앞쪽 한 편에 설치되어 반짝거리던 성탄 트리도 생각났다. 눈앞을 스치는 이 모든 행복한 정경에 따뜻한 심정이 되어 소녀는 크레파스를 들어 도화지에 겨울을 그린다. 그러던 소녀의 눈가에 갑자기 눈물이 맺힌다. 그 모든 정경 속엔 소녀의 마음을 사무치게 만드는 무엇인가가 있었던 것이다. 그것은 말로 묘사하기 힘든, 어찌 된 영문인지 알지도 못하는 사이에 자기가 이 무언의 신비의 세계 속으로 들어와 있다는 직관적 감동 때문이었다.

이 소녀가 자라서 중학교에 입학했다. 생물 시간이 되어 생물 담당의 여선생님이 학생들에게 다음 시간에 개구리 한 마리씩 가져오도록 지시하셨다. 개구리 해부 실험을 한다는 것이다. 정해진 시간이 되자 많은 학우들이 개구리를 준비해 왔고, 준비하지 못한 학우들은 준비한 친구 옆에 동석했다. 소녀는 준비하지 못했다.

선생님의 간단한 설명이 있은 후 시작된 해부. 책상 위에 깔아놓은 조그만 목판에다 마취도 하지 않은 개구리를 눕혀놓고 사지에 핀을 꽂은 후 해부도와 핀셋이 움직이기 시작했다. 눈을 뜬 채 목판 위에서 사지에 핀이 박힌 개구리의 열린 배 안에서 심장이 팔딱거리고 장기들이 파헤쳐지고 있었다. 그 조그만 피조물이 힘겨운 호흡을 유지하는 동안 그 피조물의 내부에 시선이 움직이던 아이들. 별 감정 없이 칼과 핀셋을 움직이는 아이들, 연민의 정을 느끼면서도 어쩔 수 없이 행동하는 아이들. 개구리 내부를 들여다보는 일은 소녀에게 무서운 일이었다.

실험 후 마무리 지시를 하시면서 여선생님은 학생들에게 오늘 밤 잠자리에 들기 전에 죽은 개구리에게 미안하다는 말을 하고 자라는 무의미한 말을 하고는 수업을 끝냈다. 소녀의 기억으로는 돈 주고 산 해부도 사용은 그때뿐이었다. 세월이 흘러 이 소녀는 결혼하여 아이를 낳았고 살아가는 동안 과거의 이 일들이 그녀 안에 그림처럼 그려져 그 의미가 해석되는 것이었다.

그 사건은 소녀의 일생에 깊은 의미를 남겼다. 인생을 살아오는 동안 소녀의 기억 속엔 자주 사지에 핀이 박힌 채 갈라진 배 안에서 파헤쳐진 내장과 팔딱거리는 심장의 개구리 모습이 떠오르곤 했다. 왠지 그것은 인간의 실존에 대한 비참한 표상처럼 느껴졌다. 그리고 또 하나 그것은 소녀에게 인간의 잔인함과 뻔뻔스러움의 이미지가 되고 만 것이다. 마당의 조경을 위해선 구석의 개나리 뿌리들은 뽑아버려도 된다는, 인류의 과학적 진보를 위해선 그깟 조그만 일로 감상에 젖어선 안 된다고 제법 핏대를 세울 사람도 많으리라.

그런데 소녀는 합리로 포장된 인간의 논리가 싫었다. 인류의 역사 속에는 인간 생활의 진보나 과학적 진보를 이유로 자행된 수많은 악들이 카펫처럼 깔려있다. 피사로의 잉카제국 파괴, 코르테스의 아즈텍 문명 파괴, 바돌로매 대학살, 아르메니아 제노사이드, 두 차례 세계 대전, 태평양 전쟁, 아우슈비츠 비르케나우 드레블린카 등 유대인 대학살을 위한 나치의 살인공장 건설, 난징대학살, 폴포트의 킬링필드, 르완다 대학살, 유고슬라비아의 인종청소, 911 테러 사건 등. 이런 게 인간 생활이나 과학적 진보와 무슨 상관이 있다는 말인가. 양차세계대전을 겪은 후 인류의 진보를 외치던 철학자들은 숨어버렸다. 인간은 해부하기도 하고 해부되기도 한다. 죽이는 것도 인간이요, 죽임을 당하는 것도 인간이다. 이런 세상은 소녀의 눈가에 눈물을 맺게 하던 신비의 세계와는 얼마나 다른가. 그렇다. 우리는 소녀를 눈물짓게 만든 은총의 세계만이 아니라, 해부된 개구리처럼 고통에 헐떡거리는 고통의 세계로 떨어지기도 한 것이다. 이것은 무엇일까? 왜 그럴까? 왜 우리는 이런 세상에 온 것일까? 여기서 우리가 무엇을 하라는 말일까?

인간은 그렇게 나와서 인생의 비와 눈을 맞아가면서, 갖은 역경과 위험을 무릅쓰면서 어디로 가는 것일까? 저 무한히 광대한 우주, 거기 빛나는 해와 달과 별, 가을 낙엽 카펫, 겨울 하늘에서 휘날리며 떨어지는 눈, 겨울 냉혹한 추위와 바람에 흔들리는 벌거벗은 나뭇가지, 섬세한 빗방울, 봄이면 산천을 뒤덮는 봄기운 속에 피어나는 분홍빛 진달래와 개나리, 시냇가 버들강아지, 여름의 푸른 활엽… 이렇게 신비로운 세상 저 한편에서 고통과 불행에 가격되어 눈물짓는 사람들의 고통, 이 세상에 만연한 악. 이 모순된, 그러나 경이로운 세상에 우리는 왜 온 것일까?

그래서 인간은 생각해야 하는 것이다. 그래서 인간은 사고의 동물인 것이다. 생각하지 않는 사람, 하나님과 자신과 인간과 세계를 생각하지 않는 사람은 사람의 자리를 벗어난 것이다. "애가 생겼다, 아이가 자란다, 어른이 되었다, 직장을 다닌다, 결혼하고 살아간다, 늙어간다."하는 것으로 인생의 의미를 축소해서는 안 된다.

우리가 태어난 지구는 빠른 속도로 태양 주위를 돌고, 태양계는 은하계를 이동하고, 은하계 자체가 어디론가 흘러간다. 사람은 이 우주 안에서 끝없이 움직이는 순례자요 나그네인 것이다. 도대체 이 모든 것들이 왜 생겨나 왜 이런 과정을 지나서 어디로 가는 것인가? 우주는 대답이 없고 우리는 아무 것도 모른다.

그런데 이 소녀는 믿는다. 교회 주일학교에 다닐 때부터 선생님들에게 들어왔던 말씀을. 하나님은 한 분이시지만 삼위일체의 관계 속에 계시다는 것, 하나님과 인간의 중보자요 세상의 구세주는 예수 그리스도 한 분이시라는 것, 하나님이 세상을 6일 간 창조하셨다는 것, 그런데 인간이 그 하나님을 무시하고 반역의 죄를 지어 타락했다는 것, 이 세상은 하나님께서 원래 창조하신 그 모습대로의 세상이 아니라 인간의 죄로 일그러지고 악과 고통이 창궐하는 기형이 되었다는 것, 하나님은 사랑이시라는 것, 예수 그리스도 안에 영생이 있다는 것, 인간은 오직 예수 그리스도를 믿음으로써만 의롭다 하심을 얻고 구원을 받아 영생에 이르게 된다는 것, 성경은 하나님의 성령의 감동으로 기록된 하나님의 말씀이라는 것, 예수 그리스도는 구속을 완성하기 위해서 재림하실 것이라는 것 등을. 인생이란, 사람이 시간의 세상에 태어나 이런 하나님을 만나고 배우다가 하나님 계신 영원의 장소로 가는 여정이라는 것 등을. 소녀는 안다.

이 말씀에 따라 해석되지 않은 세상은 해답이 될 수 없고 뒤죽박죽이 된다는 것과 이 말씀에 따라 해석된 세상이 가장 진실하고 정확한 해답이 된다는 것을. 우주는 무대요 세상은 학교다.

　우리는 이 학교에서 이 하나님을 만나야 하고, 이 진리를 배워야 하고, 이것을 알아야 한다. 이것이 인생의 여정이다. 하나님은 우리에게 이것을 가르쳐주기를 원하시며, 이것을 알기 위해 우리는 이 세상에 태어난 것이다.

"그러므로 우리가 여호와를 알자. 힘써 여호와를 알자"(호 6:3).

"내 아버지의 뜻은 아들을 보고 믿는 자마다 영생을 얻는 이것이니 마지막 날에 내가 이를 다시 살리리라"(요 6:40).

"영생은 곧 유일하신 참 하나님과 그가 보내신 자 예수 그리스도를 아는 것이니이다"(요 17:3).

길 잃은＿＿＿＿＿별들

당신은 어느 날 자기 자신이 이 광대한 우주 안에 홀로 서 있다는 느낌을 가져본 적이 없는가? 나아가 자신이 이 우주 안에서 목적도 목적지도 없는 길 잃은 별이라는 느낌을 가져본 적은 없는가? 나는 어린 시절 낮잠에서 깨어나는 순간 나를 둘러싼 세계에 잠겨 있는 깊은 고독을 느끼곤 했었다. 내가 누워있는 방, 나를 둘러싼 말없는 세계는 포근한 면도 없지 않다. 하지만 그 포근함 밖에는 꼬집어 이유를 말할 수 없는 생경한 서글픔이 감싸고 있었다. 어린아이의 부질없는 감상이었을까? 살아오는 동안 나는 그 이유를 여러 번 따져보았다. 그리고 그것은 아마 내가 자다가 깨어난 이 세계가, 내가 있어야 할 고향이 아니라는 서글픈 직감의 결과일 것이라고 단정했다. 내가 처해 있는 현재 장소가 내 집이 아닌 모르는 사람의 집이라는 낯선 인식에 부딪혔을 때 밀려드는 서글픔 같은 것 말이다. 남의 집이라니? 혹시 한 번도 이런 감정을 느껴본 적이 없는 사람이라면 이런 말이 괴상하게 들릴지도 모르겠다. 남의 집. 나는 이것이 인간 심층에 숨어있는 고립감 또는 고독감의 정체라고 판단한다. 어린아이들이 잠에서 깨어나 우는 이유엔 단순히 배가 고프거나 엄마를 찾는 것 이외에 이런 감정도 포함되어 있지 않을까? 숱한 아이들이 귀여운 모습으로 이 세상에 태어나 환영을 받고 사랑을 받는다. 그런데 그 아이들이 살아가는 동안 길이 갈린다. 백 명의 아이들은 백 명의 인생을 살고 천 명의 아이들은 천명의 길로 나간다. 그런데 그렇게 똑같이 출발한 인생길은 가위의 법칙을 따른다. 가위의 양날이 벌어지는 시작점은 같지만 그렇게 벌어진 양날 끝은 큰 거리에 있는 것처럼, 귀엽던 아이들의 출생은 같았는데, 수십 년을 살아나간 인생 여정의 결과는 현저하게 달라지는 것이다.

크리스티안 생제르의 글에 이런 문장이 나온다. "천동설의 시기가 지나고 지동설의 시기가 온다. 그들은 자기가 우주의 중심인 줄 알았다. 그러나 저 수많은 별들 중 길 잃은 하나의 별에 불과하다는 것을 알게 된다." 젊은이들의 인생을 말하는 것이다. 천동설이 무엇인가? 1543년 코페르니쿠스가 주장했던 지동설은 지구가 태양을 중심으로 돈다는 설로서, 당시 지구를 중심으로 우주가 움직인다는 천동설을 정면으로 뒤집는 이론이었다.

그러니 오랫동안 천동설에 체계화되었던 당시 사람들의 인식 구조는 혁명적인 변화를 감수해야 했다. 그것이 쉬웠겠는가? 분명히 하나님은 다른 천체보다 지구를 먼저 창조하셨다. "태초에 하나님이 천지(하늘과 지구)를 창조하시니라(창 1:1)". 우주 공간과 지구 창조가 먼저라는 말씀이다.

이것은 지구가 넷째 날 창조된 해달별 같은 다른 천체 중 하나라는, 그래서 다른 천체에도 생물체 존재가 가능할 수 있다는 진화론적 견해를 불식시켜버린다. 다른 천체들은 지구를 위해 만들어진 것이다. 왜 그러셨을까? 이곳이 하나님께서 구상하시는 인간이 살 무대이기 때문이다. 왜 그럼 하나님께선 지구라는 인간의 무대를 중시하시는가? 하나님께는 우주 창조가 우선적 목적이 아니라 하나님 나라의 완성이 목적이시다.

바꿔 말하면 현재의 이 물리적 우주는 새 하늘과 새 땅 창조를 위한 경유지라는 말이다. 그리고 우주 안에서 이 지구는 하나님께서 사랑하시고 하나님의 영광을 나타낼 하나님을 닮은 사람들의 거주처로서 이 물리적 우주의 중심적 역할을 한다. 그런 의미에서, 즉 신학적 의미에서 본다면 천동설이 맞다. 그러나 물리적 의미에서는 지동설이 맞다. 그러기에 인간은, 자기들이 온 우주의 중심적 존재요 나머지는 모두 주변적 존재라는 자만심에 빠져서는 안 된다.

오히려 미미한 피조물에 불과한 자들의 무대를 구원의 중심 무대로 삼아주신 하나님께 감사하면서 겸손한 의식을 유지해야 하는 것이다. 그런데 이 세상에는 설익은 인간들의 설익은 세계관이 있다. 즉 자기가 온 우주의 중심이며 그래서 모든 것이 자기를 중심으로 배치되어 있고 모든 것이 자기를 위하여 돌아가야 할 것 같은 오만한 의식 말이다. 이런 의식에서 벗어나지 못하는 인간은 이 우주의 미아에 불과하다. 사람은 젊은 시절 교만에 오염된 무지의 시기가 있고, 그때 자기를 이 세계의 중심으로 생각하여 이 세계가 자기를 중심으로 돌아가야 한다는 정신병적 우월감에 잠기기도 한다. 하지만 빨리 돌아와야 한다.

겸손한 세계관이 바른 의식이요 행복한 의식이다. 이 세상은 심지어 우리가 죽어도 우리와는 아무런 상관없이 돌아간다는 엄연한 실상을 받아들여야 한다. 젊은 시절이 훨씬 지나도, 아니 평생 동안 천동설이라는 염치없는 이론으로 무장하여 자기 안에서 왕으로 살아가는 이들도 있다.

왕이 된다는 것이 왜 좋을까? 그가 휘두르는 권력 아래 모두가 굴복하고 떠받들고 시중들어 주는 권력이 주는 쾌감 때문일 것이다. 이 부패한 쾌감에 올라탄 인간은 기어이 거기에서 내려오려고 하지 않는다. 역사를 보라. 스스로 그 자리에서 내려온 권력자가 있는가? 절대 권력은 반드시 부패하지만 죽기 하루 전까지도 누가 그 자리에서 스스로 내려오려고 했는가? 이 시대 우리 목전의 현실은 어떤가?

인간의 탐욕이 마치 진흙탕 속을 뒹구는 짐승들처럼 보일 때도 있지 않은가. 상식적으로 판단해 볼 때 저들이 가진 조그만 권력은 몇 년 못 간다. 그럼에도 불구하고 기를 쓰면서 그것을 붙들려고 하는 것은 자기의 온전한 정체성을 찾지 못했기 때문이리라. 수많은 사람들이 순간적 가치에 목을 매는 것은 그들이 자기의 정체성을 잃어버렸기 때문이요 이 우주의 미아가 됐기 때문인 것이다.

어떻게 우리는 잃어버린 별들이 되지 않을 수 있는가? 우리는 관계의 존재다. 우리는 맥락의 존재다. 우리는 이 관계 속에서 자기 고유의 정체성을 가진 존재다. 인천에서 서울로 가는 전철을 탔다. 송내에서 부천을 지나 영등포에서 대방, 대방에서 한강 철교를 건너서 용산을 지나쳐 서울역으로 들어간다. 그렇게 서울역으로 연결되는 과정에는 전철로가 있고, 전철로 주변에 꽃길도 있으며, 백화점과 여러 시가지가 나오다가, 시야가 탁 트이는 하늘 아래 한강이 보인다. 저 멀리 남산 타워가 보이고, 역마다 광고판과 역에서 내린 사람들의 부산한 발걸음도 보인다.

인천에서 서울역까지 이어지는 길은 연결되어 있고, 이 연결 경로 전체는 하나의 맥이요 관계다. 만일 이런 맥락 없이 기차 하나가 광야에 뚝 떨어져 있다고 하자. 거기서 우리는 무슨 의미나 목적을 발견할 수 있는가. 도에서 다음 도까지의 도레미파솔라시도. 이 세상의 모든 음악은 이 음표들 중에서 하나씩 뽑아서 연결시킨 것이다. 이 연결이 관계요 맥이다. 만일 연결음이 아니라 '도' 또는 '솔' 등 하나의 음만을 떼어서 바닥에 떨어뜨려 놓는다면 그런 음이 무슨 음악이 되겠고 거기서 무슨 의미를 찾겠는가. 그러나 작가가 감동에 따라 그 음 하나하나로 음선을 구성하고 관계음을 만들었을 때 그 음악엔 생명이 약동하는 것이다.

우리는 관계의 존재요 그 관계는 하나님으로부터 시작한다. 즉 우리는 "하나님의 무엇?"인 것이다. 그렇지 않다면 우리는 아무것도 아니다. 어디서 왔다는 말인가? 누가 자기를 여기에 세워놨다는 말인가? 자기가 무엇하는 존재라는 말인가? 자기가 무엇을 위해 있는 존재라는 말인가? 대답할 수 있는 게 아무것도 없다.

그는 사막에 놓여있는 기차나 길바닥에 떨어진 '도' 음표 같은 것이다. 저 들판에 날아다니는 나비와 꽃과 나무와 다람쥐와 밤하늘의 별들이 서로 아무 상관도 없는 것처럼 보이는가? 그것들은 모두 거룩한 끈으로 연결되어 있으며 인간도 이 맥락 속에 놓여있다. 내가 나를 만들지 않았다면 나를 만드신 분이 있는 것이며, 그가 나를 만드셨다면 나를 어떤 관계 속에 배치하신 것이다. 그 관계를 찾아야 한다.

예수 그리스도 안에서 인간은 자신의 참되고 영원한 관계와 맥락을 알게 된다. 진정한 인간이 된다는 것은 이때부터다. 하나님을 아는 것이 인간의 시작점이기 때문이다. 인간이 하나님을 알아야 하는 것은 하나님이 인간의 존재 근원이요 기초요 이유요 목적이기 때문이다.

하나님을 알려면 하나님의 은혜를 체험해야 하는데 은혜는 예수 그리스도 안에 있다. 예수 그리스도 안에 있는 하나님의 사랑이 인간의 영적 자궁이며, 그 사랑 안에서 태어난 인간을 거듭난 그리스도인이라고 한다. 반면에 예수 그리스도 안에서 하나님의 은혜를 체험하지 못한 모든 사람들 안에는 병이 있다. 악이 있다. 자기중심이라는 우상숭배다. 아는 것이라고는 자기 자신 뿐이다. 거기서 자기의, 자기 숭배, 자기 영광, 자기 과시가 튀어나온다. 그러나 그것은 진정한 인간이 아니며 그의 우주는 진정한 우주가 아니다. 그것은 뒤집힌 우주요, 뒤집힌 우주 안에서 그는 길 잃은 별일뿐이다. 기독교인이 된다는 것은 왕이 되려고 하는 것이 아니라 죄인임을 알고 진정한 왕을 섬기기 위한 것이다.

그리스도의 십자가 안에 나타난 하나님의 사랑에 감전된 자는 자신이 죄인임을 알게 되며 기꺼이 자신을 그분의 발밑에 던진다. 우리는 원래가 사랑스럽고 중요하기 때문에 하나님께서 사랑하시는 게 아니라 하나님의 사랑을 받아서 우리는 사랑스럽고 중요한 존재가 되는 것이다. 하나님은 그리스도 안에서 우리에게 영원한 사랑의 왕관을 씌워주시며 그때 우리는 사랑스럽고 중요한 하나님의 자녀가 되는 것이다. 그때 우리에겐 자기 자신도 영광도 성공도 쾌락도 의미가 없다. 오직 하나님을 사랑할 뿐이다. 그때 비로소 우리는 하나님 안의 별인 것이다.

하나님 _____

"여호와를 경외하는 것이 지혜의 근본이요 거룩하신 자를 아는 것이 명철이니라"(잠언 9:10).

영국의 물리학자 스티븐 호킹이 "신은 없으며 우주는 자체적으로 발생한 것이다."라는 발언을 한 적이 있다. 얼마 후 한 발 더 나아가 "천국이나 지옥은 아이들 동화에나 나오는 이야기다. 그런 것은 죽은 후의 결과를 무서워하는 사람들이 꾸며낸 이야기다."라고 했다고. 버틀런트 러셀은 "나는 왜 그리스도인이 아닌가"라는 책에서 자기가 하나님을 믿지 않는 이런저런 이유들을 열거하기도 했는데, 읽는 도중 주장하는 논리가 하도 유치해서 덮을까 하는 생각도 했었다.

도서관에서 책을 고르다가 눈에 띄는 책 표지에 이런 문구가 자랑스럽다는 듯이 쓰여 있었다. "신의 존재를 의심하라. 인간의 능력을 주목하라." 슬쩍 훑어보니 이런 내용들이다. "우리는 우리의 이성을 믿어야 하며 초자연적인 신을 믿어서는 안 된다"라는 리처드 도킨스의 책 '만들어진 신'이다. 여기서 세 가지를 따져보기로 하자.

첫째, 그런 주장이 근거를 가지고 있는가?
둘째, 그런 주장에 근거해서 사람이 건전한 인생을 영위할 수 있을까?
셋째, 그런 주장이 사람을 구원시켜주는가?

첫째, 그들의 주장에 어떤 근거가 있는가?

아무 근거도 아무 신빙성도 아무 증명도 없다. 이렇게 생각해보자. 그들은 인간이 무엇인지 이 세상이 무엇인지 이 세상이 어떻게 생겼는지 모른다. 그들은 자기 자신이 무엇인지도 모르며 인생을 어떻게 살아야 하는지 모르며 무엇을 위해서 살아야 하는지를 모른다. 한 마디로 아는 게 없다. 더더욱 하나님이 계신지 안 계신지를 그들은 알 수 없으며, 만일 그들이 안다면 그들이 하나님이다. 그렇지 않은가? 하나님이 계신지 안 계신지를 진단할 수 있는 존재라면 하나님보다 뛰어난 존재여야 하지 않겠는가? 그리스도인 신자가 하나님이 계신 것을 믿고 아는 것은 하나님보다 뛰어나서가 아니라 하나님이 믿으라고 주신 성경 말씀을 믿기 때문이다. 그런데 그들은 모든 것을 아는 듯이 판단하고 단정하지 않는가?

게다가 우주가 하나님이 창조하신 것이 아니라 빅뱅에 의해서나 진화에 의해서나 자연 발생했다고 하는데 그들이 빅뱅을, 또는 생물의 진화를, 또는 우주의 자연 발생을 보지 않고서는 그런 말을 할 수 없을 터, 그러니 그런 것을 보고 평가할 수 있는 입장이라면 하나님보다 뛰어난 존재가 아니겠는가. 그러나 그들은 하나님이 아니다. 그들은 배고파하고 병들고 신진대사를 하고 죽는 것을 두려워하는 인간들이다. 수천 년을 산다 하더라도 스티븐 호킹은 하나님의 존재 유 무를 증명할 수 없다. 무슨 수로 증명하겠는가? 우리는 하나님이 계시다는 것도 안 계시다는 것도 증명하지 못한다. 다만 우리는 증명보다는 계시와 증거를 가지고 있을 뿐이고, 이 계시와 증거에 대해 믿고 있을 뿐이다.

또 인간은 초월적 실재에 대해선 오직 믿음으로 알 수 있을 뿐, 알기 때문에 믿는다는 역순은 가능하지 않은 것이다. 자연, 양심, 성경, 예수 그리스도는 모두 하나님의 이런 계시요 증거다. 실체가 없다면 그림자가 생길 수 없듯이 하나님이 없다면 이런 것은 생길 수가 없다는 사실을 정직한 사람들은 알고 있다. 하지만 이런 계시와 증거를 가지고 있더라도 인간이 하나님의 존재를 증명해낼 수 있는 것은 아니다. 하나님은 증명되는 존재가 아니라 신앙해야 할 존재이시기 때문이다. 무신론이란 분명한 계시와 증거에도 불구하고 하나님 없이 살고 싶다는, 하나님을 제거한 영역에서 살고 싶다는 인간의 악이 철학의 옷을 입고 나타난 것일 뿐 아무런 근거도 없는 것이다.

둘째, 그들의 주장에 근거해서 사람이 건전한 인생을 영위할 수 있을까?
불신앙은 악이요 시체다. 인간이 하나님을 떠나 분리된 어둠의 영역에 피어나는 악의 꽃이 불신앙이요 무신론이다. 사람이 시체를 품고 또는 시체와 함께 묶여 산다고 가정해보자. 그가 살 수 있겠는가? 그도 곧 시체가 될 것이다. 그러나 사랑하는 사람을 품고 산다면 생명은 윤택해질 것이다. 무신론, 사신론, 범신론, 불가지론, 진화론, 유물론, 자연주의, 포스트모더니즘 등은 모두 불신앙에게서 태어난 형제들이다. 그런데 불신앙은 그 본질이 죽음이요 시체다. 무신론을 존재 이념으로 택하는 것은 영적 자살을 하는 것이다. 사람이 시체를 품고 살 수 없는 것과 마찬가지로 사람은 무신론을 품고 건전한 인생을 영위할 수가 없다.

"무신론을 주장하던 사람들도 다 살지 않았습니까? 어니스트 헤밍웨이를 보세요. 하나님을 부정하면서도, 여자 편력에 쾌락에 명예에 누릴 것은 다 누리면서도 멋지게 살지 않았습니까?"라고 질문할 텐가? "지금 나는 필라멘트가 끊어진 전구처럼 비참하다." 이것이 그의 유언이었다. '노인과 바다'에 나오는 노인 산티아고는 과거의 젊음과 영광에 아쉬워하며 죽음으로 스러져가는 인간의 여정을 상징한다.

그리고 그 노인은 다름 아닌 헤밍웨이 자신인 것이다. 종말로 치닫는 자신의 차갑고 어둡고 무거운 인생을 견딜 수 없어 쌍발 엽총을 입에 넣고 방아쇠를 당긴 것이 그의 최후였다. 그의 인생을 폄훼하는 것이 아니라 하나님에게서 끊어진 사람들은 결국 전원 끊긴 전등처럼 내부와 외부가 모두 절단되고 마는 것이라는 이야기를 하는 것이다. 건강하지도 않고 아름답지도 않다. 그 사람의 현란한 논리나 인생 조각을 보지 말라.

인간의 영광은 먼저 그 사람의 영혼에 머물고 영혼으로부터 인생으로 확산되는 것이다. 하나님이 생명이시다. 이 생명을 내버리면 그의 인생은 죽음이나 시체에 결합된 인간의 종말이 어떤 것인지를 증명하는 과정이 될 것이다. 인간으로서 창조주 하나님을 알기를 원하지 않는 태도, 하나님을 무시하는 자세, 하나님을 경배하지 않으려는 태도는 철학자이든 교수이든 정치가이든 평민이든 모두 악하고 무책임한 것이다. 우리가 누구에 의해서 무엇 때문에 창조됐는데 자기의 근원을 거부한단 말인가? 그러면서 자기 인생이 건전하거나 행복하기를 바란다면 위선 아닌가?

셋째, 그들의 주장이 사람을 구원시켜주는가?

손꼽아 보라. 불신앙 이론이, 무신론 철학이 사람을 구원에 이르게 하는가? 인류의 역사가 시작된 이래 불신앙 이론이나 무신론 철학이 구원시켜준 사람은 하나도 없다. 구원까지는 거론하지 않더라도 행복할 수 있는가? 구원의 의미를 모르는 사람들은 구원의 필요를 또한 모른다. 불신앙자들에게 구원을 언급하면 웃을지도 모른다.

그러나 인간은 구원이 필요한 존재다. 구약의 전도서는 잠언, 아가서와 함께 다섯 권의 지혜문학에 포함된 솔로몬의 저술이다. 헬라어 에클레시아스테스(Ecclesiastes), 히브리어 코헬레트(Qoheleth)라는 명칭. 여기 등장하는 전도자란 공인된 교사, 공적인 교육자란 뜻. 내 개인적 입장으로는 솔로몬이란 인물이 비호감이지만, 그도 삼천년 전에 이 시대 사람들과 동일한 인생 문제로 싸웠던 사람이다. 구원을 찾아 학문, 사업, 쾌락, 세속적 영광을 추구했고 그러다가 마침내 구도자적 결론을 쏟아내었다. "헛되고 헛되다" 다 헛되고 미친 짓이라고. 이 말 속에 인류 최대의 현자가 발견한 인간의 구덩이가 보인다.

아직 자기 중심에 나있는 그 구멍을 보지 못한 사람들은 그의 진지한 토로에 귀를 기울이라. 나는 염세주의자가 아니고 수도원적 영성을 좋아하는 사람도 아니다. "세상에서 눈을 돌려 하늘을 바라보라!"는 진부한 교훈으로 유도하려고 하는 것도 아니다. 다만 한 인간으로서 하나님의 은혜로 알게 된 너무도 중요한 진리에 시선을 맞추고 있는 것이다. 이렇게 묻고 싶다. "당신 인생의 중앙에 나 있는 시커먼 구멍이 안 보이는가?

그 구멍을 메워보려고 때로는 미친 짓 같은 행동까지 서슴지 않는 자신을 의식해 본 적은 없는가?" 인생 말기에 진입할수록 확연하게 보일 것이다. 무서운 이 진공이 보여야 솔로몬이 지적하는 다음 단계로 이동할 수 있다. 그게 무엇인가? 무슨 꿈을 꿔도, 무슨 짓을 해 봐도, 무엇을 가지고 누려 봐도 결국 인간은 공허하고 죽는다는 것.

사람들은 죽음으로 날려버릴 이런 행위들을 끝도 없이 하고 있으며, 혹시 거기에 어떤 답이 있을지도 모른다고 헛손질을 한다. 어떤 유튜브 기독교 채널 표지에 등장한 문구를 본 적이 있다. 읽어보진 않았지만 그 문구 내용을 대충 짐작할 수 있었다. 제목이 "후회 없이 잘 살 수 있는 법"이었다. 후회 없이 잘 살 수 있는 법…? 그런 법이 세상에 있단 말인가? 그런 법이란 없다. 인생이 기나긴 후회이기 때문이다. 기울어진 인간의 운명 때문이다. 주먹만 한 행복도 즐거움도 기대해서는 안 된다는 논리가 아니다. 가정, 결혼, 직업, 일, 인간관계에서 사람은 어느 정도의 성공과 행복을 기대할 수 있다. 그러나 그렇더라도 그는 늙고 병들고 쇠약해지고 그의 식구와 지인들은 떠나고 불필요해지고 외로워지다 죽는다. 인간은 후회 없이 사는 존재가 아니라 구원이 필요한 존재인 것이다.

여기까지가 전도서의 허무주의지만 허무주의가 전도서의 목적은 아니다. 전도자가 이 깊고 어두운 구덩이를 말한 것은 그 구덩이에 대한 구원을 제시하기 위함이다. 이 거대한 허무, 그 후의 심판을 배경으로 하여 인류 역사엔 하나님께서 일으키는 거대한 복음적 반전이 일어난다. "예수 믿는 것 밖에 없다!" 서울 광화문 한 복판에서 이 말을 외치거나, 드라마 대사 가운데 하나로 끼워 넣으면 아마 사람들의 반응은 기독교 편향적 광신자의 넋두리 정도로 치부해버리지 않을까? 그러나 이 말이 "모든 것이 다 헛되다!"는 사실에 대한 더 이상 뺄 것도 덧붙일 것도 없는 유일한 해독제다.

  인간이란 오직 삼위일체 하나님을 알고 예수님을 믿음으로써만 공허와 파멸의 심연을 건너뛸 수 있다는 사실이 누구도 아닌 바로 나 자신을 설득시키며 확신을 주었다. 이것이 전도서의 결론이요(전 12:13-14), 이것이 인생의 진리다. 하나님의 존재를 의심하라고? 인간의 능력을 주목하라고? 인간의 이성을 믿으라고? 그 말은 내게 마치 개구리의 비행을 놀라워하라는 말처럼 들린다. 하나님을 알아야 한다. 예수 그리스도를 알아야 한다. 우리의 구원을 위하여 주 예수 그리스도는 십자가에 못 박혀 죽으신 후 삼일 만에 부활하신 것이다. 인생이란 그것을 배우는 과정으로서, 그분을 알기 위해 우리는 이 세계로 들어온 것이다.

인간이 하나님을 알아야 하는 것은

하나님이 인간의 존재 근원이요

기초요 이유요 목적이다.

죄_____

　부러진 갈대나 억새를 보았는가? 허리가 꺾여 머리를 땅으로 숙이고 꽃잎을 늘어뜨린 모습. 모양은 비슷해도 갈대는 습지에서 자라고 억새는 야지에서 자란다. 마태복음에서 '상한 갈대'라는 용어는 특이한 목적을 지니고 있는 말이다. 이 '상한 갈대'라는 말엔 죄를 짓고 하나님을 떠나 타락하여 총체적으로 손상된 인간에 대한 묘사가 있다.

　그것은 적절한 이미지다. 하나님과 분리되어 부러져 소망 없이 두려움과 외로움과 고통 속에 버려진 인간을 설명하기 위한 절묘한 이미지. 일반인들은 자신에 대해 긍정적 개념을 가지고 심리학은 사람에 대해 생산적인 견해들을 펼치기도 하지만 사람은 부러진 갈대일 뿐이다. 가뜩이나 갈대는 가냘프면서도 고독한 형상인데 부러진 갈대야 오죽하겠는가.

　이처럼 하나님의 형상대로 창조된 인간은 원래 고상한 위용을 갖추고 있었지만, 죄로 타락한 인간의 모습은 하나님을 등지고 그 위용을 잃은 존재인 것이다.

또 인간은 땅에 떨어진 새에 비교될 수 있다. 인간은 날개가 부러져 하늘에서 떨어졌지만, 날 수 없으면서도 자기가 날던 하늘을 갈구하면서 죽어가는 새와 같다. 이 새에겐 잃어버린 세계가 있다.

잃어버린 세계에 대한 향수는 칼처럼 새의 가슴을 베고, 그렇게 베인 가슴에서는 상실감과 공허감과 무의미라는 이름의 출혈이 멈추지 않는다. 죄로 말미암아 사람의 육체는 시공간에 종속되지만 사람의 영혼은 시공간에 종속되기를 거부한다. 날개 부러진 새처럼 시간 속으로 떨어졌지만 이 세상의 시간과 공간에 만족할 수 없는 인간의 영혼은 시공간 너머의 차원을 끝없이 힐끗거린다.

'영원한 행복' '영원한 사랑' '영원한 가치' 등의 말은 현실적으로 불가능한 것이지만 그래도 인간의 내면엔 불가항력적으로 이런 개념이 내재하는 것이다. 마치 자신이 영원히 살 수 있을 것처럼, 아니면 적어도 영원하기를 바라는 심리가 내포됐다는 말이다. 그러나 사람은 영원할 수 없다. 영원할 수 없는 존재이면서 영원을 갈망하는 것은 모순이다.

우주 안의 어떤 피조물도 자기 본질 이상의 것을 갈망하지는 않는다. 나비는 새가 되기를 원하지 않고, 새는 천사가 되기를 원하지 않는다. 개는 인간이 되기를 갈구하지 않으며, 자기가 인간이 아니라는 사실에 대해서 좌절하지 않는다. 한데 인간은 영원한 존재가 아니면서도 끝없이 영원을 바라고, 영원할 수 없다는 사실로 말미암은 자상을 중심에 가지고 있으니 왜 그럴까? 이유는 인간이 영원을 빼앗긴 존재라는 사실 때문이다. 처음부터 영원할 수 있었던 존재가 영원을 빼앗겼다는 사실에 대한 존재론적 직감이 인간 안에 상실감과 공허감과 무의미로 나타나는 것이다.

성경은 인간이 영원을 빼앗긴 이유를 죄라고 한다. 즉 갈대가 부러지고 새가 하늘에서 떨어진 원인이 죄인 것이다. 이 세상에 발을 디딘 우리는 죄가 무엇인지도 배워야 한다. 죄를 모르는 인간은 인간이 될 수 없기 때문이다. 기독교는 윤리를 가르치는 종교가 아니라 인간의 죄와 그에 대한 해결을 제시하는 신앙인 것이다.

죄란 무엇인가? 구약에 사용된 히브리어 '아삼(죄, 범죄)', 신약에 사용된 헬라어 '하말티아(죄, 범죄)' 모두 죄를 의미하는데 '아삼'은 하나님께 대한 불순종과 반역을 의미하고, '하말티아'는 표적 이탈(과녁을 벗어남)의 뜻을 내포한다. 여기서 표적, 과녁은 물론 하나님 또는 하나님의 뜻이다. 죄는 인간관계에서 출발하는 게 아니라 하나님과 인간의 관계에 발생하는 악이다.

즉 죄란 하나님의 피조물로서 당연히 하나님을 경외하며 그 뜻에 순종해야 할 인간이, 교만한 의지와 욕심으로 하나님께 반역하여 그의 뜻을 이탈하는 것이다. 반역(rebellion, treason), 불순종(disobedience), 이탈·불일치(discord), 위반(transgression), 우상숭배(idolatry) 이 모두가 죄인 것이다. 이 모든 것들이 어디서 오는가? 하나님을 믿고 사랑하지 않고 하나님보다 다른 것을 믿고 사랑함이 모든 죄악의 뿌리인 것이다.

최초의 인간인 아담과 하와가 범한 악의 본질이 이것이다. 인간이 하나님의 선하심을 믿고 하나님을 경외하고 사랑하며 그의 말씀에 따라 살아야 하는 것인데, 자기를 파괴시키려는 마귀의 교활한 제안에 따라 동산 중앙에 있는 나무의 열매를 먹지 말라 하시는 하나님의 말씀을 거부한 것이다.

한 마디로 자기의 교만한 욕심을 위해 하나님의 말씀이 아니라 마귀의 말을 따른 것이다. 모든 인류는 아담 안에서 이 죄에 연루됐고, 또 실제로 이런 죄를 범한다.

컵이 존재하는 것은 컵 자신의 의지를 실현하기 위함이 아니요 컵을 만든 사람의 의지를 실현하기 위함이다. 마이크가 존재하는 것은 마이크의 목소리를 내기 위함이 아니요 마이크를 잡은 사람의 목소리를 내기 위함이다. 컵이 컵을 만든 사람의 의지를 존중하여 거기에 물이나 차를 담는 기능을 온전히 수행한다면 의로운 것이지만, 자기 마음대로 술이나 금을 담으려고 한다면 죄를 짓는 것이다. 마이크가 마이크를 잡은 사람의 목소리를 전달한다면 의로운 것이지만 마이크를 잡은 사람의 목소리 따위는 아랑곳하지 않고 자기 목소리를 내려고 한다면 죄를 짓는 것이다. 모든 것의 근원과 기원은 하나님이시다.

그렇다면 그 모든 것의 의미나 목적도 하나님께 있는 것이지 인간에게 있는 것이 아니다. 그런데 인간이 자기 존재의 원래 의미나 목적을 무시하고 굳이 자기 욕망을 실현하려고 하는 것은 피조물의 본분을 이탈한 교만과 욕심에 그 뿌리가 있는 것으로서 여기서 만 가지 죄악이 발생하는 것이다. 의미나 목적은 주어지는 것이 아니요 인간이 설정하는 것이라는 실존주의나 포스트모더니즘의 주장은, 사실은 하나님을 거부하려는 몸짓인 것이다. 이것이 주인에 대한 반역이요 과녁 이탈이다. 이 죄의 결과 인간은 부러진 갈대가 되고 땅에 떨어진 새가 되었던 것이다.

죄가 죄인 것은 그것이 하나님께 대한 신뢰와 사랑이 아니라 자기본위, 자기의, 자기 영광이라는 세 가지 요소를 내포하기 때문이다. 신앙적 관점에서 들여다보면 구원받지 못한 사람 깊숙한 곳에는 그들의 마음과 생각을 지배하는 이 세 가지 중심 동기가 숨어있다. 첫째 자기본위다. 모든 사회, 모든 그룹, 모든 개인의 움직임과 대화의 중심을 살펴보라.

그들의 모든 사상과 관심과 행위의 핵심이 무엇인가 포착해보라. 자기본위다. 심지어 친구관계나 연애관계도 자기본위적이다. 만물 속에서 애교로 봐줄 수 없는 이 지독한 자기본위 의지가 바로 죄다. 모든 만물의 중심에 서서 그 중심체가 되고자 하는 본능이 자기본위라는 죄다. 그런데 사람이 하나님본위 아닌 자기본위 가운데 서 있을 때 존재의 질서는 파괴되는 것이며 우리는 지금 이렇게 망가진 세상에서 살고 있는 것이다. 이 우주라는 집의 대문에서 인간의 문패를 떼어야 한다. 우주와 인생의 주인은 하나님이시지 인간이 아닌 것이다.

자기 의는 무엇인가? 이것은 근본적으로 하나님 안에서가 아니라 인간 자신 안에서, 자기 완전 안에서 만족하고자 하는 의지다. 인간의 죄 가운데엔 하나님에 의해서가 아니라 자기 자체로서 완전하고 흠이 없다는, 그래서 구원을 위해서 하나님의 은혜 따위는 불필요하다는 악랄한 자기 신뢰가 뿌리 내리고 있다.

이것은 자기신격화라는 우상숭배를 만들어낸다. 그러나 자기 의란 자기의 근본을 부정하고 자기의 실태를 은닉하는 죄의 또 다른 모습에 불과하다. 인간은 의롭지 않다. 인간은 완전하지 않다. 자기의 완전함을 믿고 싶은 것은 에덴동산에서의 타락처럼 자기도 신이라고 하는, 실제로는 자기를 기만하는 죄인의 심리였던 것이다. 바리새인들은 이 자기 의에 오염이 됐고, 제사장들은 이 자기 의로 부패했다. 유대인들은 복음의 은총 안에서 주어지는 하나님의 의를 모르고 힘을 다하여 자기 의를 부여잡고 하나님의 의를 거부했다(롬10:3). 그 최악의 표현이 적개심으로 가득 차서 하나님의 아들을 십자가에 못 박는 일이었다.

자기 영광은 무엇인가? 주기도의 마지막 부분은 이것이다. "나라와 권세와 영광이 아버지께 영원히 있사옵나이다(마 6:13)." 모든 종류의 영광이 하나님의 것이다. 먹을 것, 입을 것, 누릴 것의 모든 소유가 하나님으로부터 나오는 것이요, 원래 우리의 것은 없다는 것이 진실이다. 머리카락 한 올에서 육체 영혼 인간을 둘러싼 모든 환경까지 모두가 받은 것이요 하나님이 주신 것이다.

모든 것이 하나님의 선물이요 하나님으로부터 온 것이다. 그러니 어쩌다가 우리에게 생겨난 행운이나 영예 또한 우리 것이라고 주장할 수 없는 것은 그것을 구성하는 모든 조건이 하나님의 것이기 때문이다. 우리는 원래 없었던 존재가 아닌가. 그런데 사람은 이 세상에서 자기의 영혼과 몸과 재능과 소질과 능력과 자기가 누리는 모든 것을 사유화하여 본래부터 자기 것인 것처럼 자랑하곤 한다.

교수가 탁월한 교수의 능력을 구사하는 것, 예술가가 예술적 재능을 발휘하는 것, 가수가 노래를 잘하는 것, 정치가가 지혜롭게 정치를 하는 것, 설교자가 설교를 잘하는 것, 연주자가 연주를 잘하는 것, 운동가가 운동을 잘하는 것, 미인의 아름다운 얼굴, 이 모든 것이 원래 자기의 것인 것처럼, 그래서 그로부터 생겨나는 영광을 자기 것으로 당연시하는 태도가 도둑질이요 죄다. 왜냐하면 이 사실이 중요한데 우리는 원래 없었던 존재이며, 이 모든 것들은 하나님으로부터 온 것이기 때문이라는 것이다. 하나님이 모든 것이다. 인간은 다만 은혜로 사는 것일 뿐이다. "나라와 권세와 영광이 아버지께 영원히 있사옵나이다. 아멘(마 6:13)"

죄는 하나님을 향한 반역과 불법이다. 이 불법으로부터 만 가지 도덕적 악이 나온다. 자기중심 이기심 교만 탐욕 탐식 불의 위선 과시 질투 편견 증오 냉혹 포악 인색 분노 거짓 사기 살인 상해 파당 음행 남색 음란 동성애 유혹 악의 험담 중상 음모 비난 분쟁 배반 등. 복음이란 이런 인간의 모습을 보여주는 것이며 이런 인간이 구원되는 길을 말해주는 것이다. 인간은 용서받아야 할 죄인인 것이다.

죄는 하나님을 향한 반역과 불법이다.

예수 그리스도

　평범하게, 세속적 욕심도 좀 부려가면서 살아가는 어떤 사람이, 자기도 이제는 의미 있는 인생을 살아보겠노라고 결심을 한다. 책도 보고, 음악도 듣고, 지인들에게 식사도 대접하고, 수입의 일정 분을 자선에도 할애하며, 아내와의 시간을 증가시켰다. 이렇게 몇 년 지내고 보니 자기 관심에만 빠져 살던 때보다는 좀 더 인간적인 모습이 자기에게서 느껴지는 것 같기도 했다.

　그런데 이상한 것은 자기 마음 깊숙한 곳에서는 아무런 변화도 느껴지지 않았다. 즉 자기 내부 깊숙한 곳에 상주하던 단절감 불안 권태 공허감은 변하지 않고 그대로인 것 같았다는 말이다. 인간관계를 잘 영위하는 것은 필요하다. 하지만 중요한 것은 사람에게는 사람과의 관계로 해결되지 않는 내부 본질, 사람의 손길이 닿지 않는 영역이 있다는 사실이다. 그곳은 내 배우자나 식구나 친구와도 무관하고 심지어 자기 자신도 어쩌지 못하는 영역이다. 이것이 인간 현실이다. 이 세상에는 그 이유를 모르고 해결할 수도 없는 내면의 '빔(공허)'을 안고 비틀걸음을 옮겨가는 여행자들이 허다한 것이다.

그가 어느 주일, 시간을 때우기 위해 산책이나 할까 하는 마음으로 집을 나서 걸어가던 중 마음을 끄는 멜로디에 이끌려 들어간 곳은 어느 한 아담한 교회였다. 지금까지 한 번도 교회를 가보지 않았고 예배를 드려본 적도 없으며 설교는 더더욱 들어본 적이 없었기에 머쓱한 기분으로 뒷좌석 아무데나 앉았다.

설교 시간이 되어 멀뚱멀뚱 무덤덤하게 설교를 듣고 있던 중, 그의 의식에 빗방울 하나가 떨어지는 것 같은 느낌이 들었다. 그의 의식의 바닥으로 겪어보지 못했던 생소하고 특이한 충격이 가해진 것이다. 내부 신경이 설교에 집중되면서 눈동자가 설교자에게 고정되고, 한 두 방울 빗방울 같았던 정체가 장대비나 폭포의 느낌으로 변하더니 잠시 후 벼락을 맞은 것 같았다. 웬일일까? 무슨 영문일까?

도대체 무슨 까닭인지도 모르는 사이에 그의 눈에서 눈물샘이 터지면서 그의 정신세계는 와해되고 그 자리에 무릎 꿇고 말았다. 상상하지도 못한 뭔가가 그를 덮치고 쓰러뜨렸다. 그러나 이 덮침과 쓰러뜨림은 불쾌하고 공포스런 무엇이 아니라, 말할 수 없이 참되고 신선하고 자유롭고 놀라운 무엇이었다.

그리고 그는 그날부터 신자가 되었다. 무슨 일이 일어난 것일까? 하나님의 번개, 즉 은혜 체험을 한 것이다. 연인의 사랑도 아니고 결혼한 것도 아니고 출세를 한 것도 아니고 복권에 당첨된 것도 아니다. 그렇다고 감동적인 클래식 음악을 들은 것도 아니고 놀라운 예술 작품을 대면한 것도 아니다.

그는 그리스도를 만난 것이다. 그렇게 무관심하던 그리스도, 4대 성인 중 한 분이라 알면서도 거리를 두던 그리스도, 자기와는 무관한 고대 이스라엘의 한 스승으로서 유대인들과 로마인의 눈에 밉보여 십자가에 못 박혀 죽은 자. 이것이 그리스도에 관해 그가 알고 있던 전부였다. 그랬던 그가 그날 설교를 통하여 하나님이시며 생명이신 그리스도의 내방을 받은 것이다. 그리스도의 그 놀라운 빛의 화살이 부패하고 죽어버린 그의 존재 중심을 관통하면서 그의 정체를 노출시키고 그리스도 앞에 무릎을 꿇게 만든 것이다. 그건 한 마디로 번개와 같았다. 그렇다, 예수 그리스도는 무한히 신성한 번개다.

사람들은 자신이 얼마나 지적인지, 도덕적인지, 성취했는지, 소유했는지를 인생의 관건으로 본다. 이것은 사실이 아니다. 그런 것들이 인간의 외부 모양을 좀 더 보기 좋게 만들 수는 있다. 또 열심히 산다는 것이 그 사람을 성실하게 보이게 만드는 것은 사실이다. 그러나 그런 것들은 인간 자체, 인간의 운명과는 아무 상관이 없다.

한 사람의 인생과 운명은 그가 예수 그리스도와 어떤 관계를 맺느냐에 절대적으로 좌우된다. 그가 예수 그리스도를 어떤 분으로 경험하느냐, 그래서 예수 그리스도를 어떤 분으로 믿고 아느냐, 그래서 예수 그리스도와 어떤 관계를 이루느냐 하는 것이 그의 인생을 결정짓는 절대 요소다. 다른 말로 표현하자면 한 인간의 기독론은 그 사람의 인생을 지배하는 요인인 것이다.

"너희가 만일 내가 그인 줄 믿지 아니하면 너희 죄 가운데서 죽으리라"(요 8:24).

예수 그리스도에 대한 발견과 믿음, 이것이 한 인간의 인생과 운명을 결정짓는 요인이다. 사람이 예수 그리스도의 본질에 대한 아무 경험도 지식도 없다면 그의 인생은 영적 진공 상태라고 할 수 있다. 불신자는 논외로 하자. 하지만 신자라는 사람이 그리스도에 대한 감격적 경험이 없다면 그의 신앙 그의 인생은 무미건조할 뿐 아니라 죽은 것이다. 인생은 그에게, 신앙은 그에게 그냥 아무것도 아니다. 그러나 예수 그리스도 안에서 우리는 하나님을 대면한다.

예수 그리스도 안에서 우리는 이 세상과는 전혀 다른, 이 세상에서는 기대할 수 없는 본질과 충돌한다. 신약성경에 나오는 대부분의 인물들은 바로 그런 사람들이다. 베드로, 요한 등 제자들과, 바울, 베다니 마리아, 막달라 마리아, 나인성 과부, 백부장 고넬료 같은 사람들이 그들이다. 요한에게선 요한복음과 서신서, 베드로에게선 베드로 서신, 바울에게선 바울 서신을 통하여 이런 사실이 드러난다.

"태초에 말씀이 계시니라. 이 말씀이 하나님과 함께 계셨으니 이 말씀은 곧 하나님이시니라"(요 1:1).

"태초부터 있는 생명의 말씀에 관하여는 우리가 들은 바요 눈으로 본 바요 자세히 보고 우리의 손으로 만진 바라"(요일 1:1).

이는 요한이 경험한 신비의 그리스도요, "그 안에는 지혜와 지식의 모든 보화가 감추어져 있느니라(골 2:3)." "내 주 그리스도 예수를 아는 지식이 가장 고상하기 때문이라(빌 3:8)." 이는 바울이 경험한 그리스도다. 그런가 하면 "그는 창세 전부터 미리 알린 바 되신 이나 이 말세에 너희를 위하여 나타나셨느니라(벧전 1:20)" "보배로운 산 돌(벧전 2:4)" 등은 베드로가 경험한 그리스도다. 예수 그리스도를 진정으로 만난 자는 예수 그리스도 외에는 진정한 감격과 경배의 대상이 없다. 우리는 그분을 알아야 한다. 우리는 그분을 알기 위해서, 그분을 만나기 위해서 이 지상에 보내졌다. 예수 그리스도가 세상에 오시기 전의 사람들도 그분의 탄생을 기대하며 세상에 나온 것이다.

우리는 진리의 여행자다. 이 지상을 여행하는 동안 가장 중요한 이슈, 가장 중요한 사건, 가장 중요한 지식은 예수 그리스도를 아는 것이다. 보았는가? 만났는가? 잡았는가? 알고 있는가? 우리가 어디까지 왔든지 이제 눈을 돌려 그분을 바라보고, 이제 귀를 돌려 그분의 음성을 들어보고, 이제 손을 뻗어 그분이 누군지 만져보자.

"그는 근본 하나님의 본체시나 하나님과 동등 됨을 취할 것으로 여기지 아니하시고 오히려 자기를 비워 종의 형체를 가지사 사람들과 같이 되셨고, 사람의 모양으로 나타나사 자기를 낮추시고 죽기까지 복종하셨으니 곧 십자가에 죽으심이라"(빌 2:6-8).

그분은 영원 전부터 아버지 하나님과 일체를 이루시며 존재하신, 아버지와 동등하신 아들 하나님이시다. 하나님 아버지는 아들을 사랑하셔서 영원 전에 아들의 소유와 신부가 될 존재, 아버지 자신에게는 자녀가 될 존재를 구상하셨고 아들과 의논하셨다.

그 존재가 인간이다. 그러나 하나님 사랑의 대상으로서 창조된 인간은 하나님께 반역하여 하나님의 말씀을 어겼는데 이것이 지난번 주제에서 언급한 인간의 죄다. 죄에 관해서는 그때 자세히 다룬 바 있다. 그런데 하나님은 창세 전에 인간이 죄인이 될 것을 미리 아시고 아들의 죽음과 부활로 그들을 구원하실 것을 또한 미리 아들과 언약하셨다. 이것을 구속의 언약이라고 한다(요 17:2, 벧전 1:20, 딛 1:2).

그리하여 드디어 삼위일체 하나님은 세상을 창조하시고 때가 되어 세상을 구원하시기 위해서 아들은 인간의 몸을 입으시고 세상으로 들어오셨다. 이 사실이 위에 인용된 성경 구절의 내용이다. 하나님 아버지와 동등한 본성을 가지신 하나님의 아들 우리 주 예수님이 세상의 구원을 위해 인간의 몸을 입고 세상에 오신 일을 성육신이라고 한다. 그분이 세상에 계시는 동안 하나님만이 행하실 수 있는 많은 은혜와 기적을 베푸신 것은 곧 그가 살아계신 하나님의 형상이시요 보이는 형태로 나타나신 하나님이시라는 사실을 가리키는 것이었다.

그분은 인간의 불의함을 대신 짊어지시고 십자가에 못 박히셨고, 우리는 그분을 믿음으로 그분의 의로움을 입어서 의롭다 칭해지고 구원받는 것이다. 주님의 죽으심은 이 사실에 대한 증언이요, 주님의 부활은 이 사실에 대한 확증이다. 이 우주에는, 이 지구에는 이 외의 구원의 방법이 없다. 그렇다면 세상은 당연하게 그분을 자기들의 주님이요 그리스도임을 믿고 영접했어야 했다. 그러나 "그가 세상에 계셨으며, 세상은 그로 말미암아 지은 바 되었으되 세상이 그를 알지 못하였고 자기 땅에 오매 자기 백성이 영접하지 아니하였으나(요 1:10-11)"였다. 나아가 유대인들은 주님께 "당신은 귀신 들리지 않았는가?"라고 물을 정도로 그분을 모욕했고 배타했다. 소수의 사람들을 제외하곤 그분의 본질과 그분의 의미를 어느 누구도 알려고 하지 않았고, 어느 누구도 감사하지 않는 것을 넘어 반역이 행해진 것이다.

주님은 십자가에 못 박히시기 전 너무도 완강한 유대인, 너무도 불신앙적인 그들을 질타하셨다. "뱀들아 독사의 새끼들아 너희가 어떻게 지옥의 판결을 피하겠느냐(마 23:33)?" 이 부분에 대해 버틀란드 러셀은 "예수는 자기 설교를 좋아하지 않는 자에게 저주를 퍼부었다. 진정 성자라면 자기 말을 좋아하지 않는 자에게도 너그러워야 한다."고 조악한 관용론을 펼치기도 했다. 예수님의 이 말씀이 자기 설교를 좋아하지 않는 자에 대한 화풀이로 보일 정도로 그는 이해력이 없는가? 주님의 그런 행동은 끝없는 자비에 되돌아온 불경에 대한 심판 선언이었던 것이다.

그리스도는 신비다. 사람이 예수 그리스도의 얼굴을 직면하면 죽는다. 예수 그리스도를 바라보고 죽지 않을 수 있는 자는 없으며, 죽지 않고 예수 그리스도의 얼굴을 바라볼 수 있는 자 또한 없다. 무슨 뜻인가?

예수 그리스도의 신성과 십자가의 진리를 대면한 자의 자아는 죽게 되며, 그의 자아가 죽지 않고서는 예수 그리스도의 신성과 십자가의 진리를 이해할 수가 없다는 말이다. 예수 그리스도와 부딪히면 그의 옛 자아는 부서지고, 반대로 그의 옛 자아를 유지하고선 예수 그리스도의 신성한 본질과 만날 수 없는 것이다.

굳이 "그리스도는 빛으로 가득한 심연이다"라던 프란츠 카프카의 말을 빌리지 않더라도 그리스도를 경험한 사람들은 모두 그가 곧 하나님이시라는 사실을 안다. 인생이란 이 분, 이 하나님, 이 신비를 만나기 위해 점화된 잠깐의 성냥불이다.

십자가_____

　　어린이 주일학교 시절 어느 겨울, 한 남자 선생님이 아이들에게 열심히 들려주시던 이야기가 있었다. 루 웰레스 원작에 윌리엄 와일러가 감독하여 만든 영화 '벤허'. 이는 10년 간 1500만 달러라는, 당시에는 엄청난 제작비를 들여서 등장인물 약 10만 명에 지구를 한 바퀴 돌만큼의 필름을 소모하여 1959년 제작된 전설적인 영화다.
　　전차경주 장면을 위해서만 15000명이 4개월간을 연습했다고 한다. 아카데미 상 11개 부분에서 수상했던 수상 석상에서 윌리엄 와일러 감독은 "하나님! 정말 제가 이 영화를 만들었습니까?"라는 감탄사를 발했다고 한다. 배경은 서기 26년 이스라엘이 로마제국의 지배를 받던 시대다.

　　이스라엘에 새로운 총독이 부임해오던 날, 그 선발 부대로 주둔 부대 사령관 멧살라(스티브 보아드)도 도착한다. 그는 영화의 주인공인 유다 벤

허(찰스 헤스톤)와 어릴 적 친구였는데, 유다 벤 허는 유대 귀족으로서 예루살렘 제일의 부호였다. 신임 총독의 화려한 행진을 구경하기 위해 유다 벤 허의 누이가 기대고 서있던 자리에서 기와 한 장이 떨어져나가 공교롭게도 총독의 머리에 맞는 사건이 발생한다.

이 뜻밖의 사건으로 벤 허 일가는 반역죄로 몰린다. 벤 허의 모친과 누이는 로마군에 끌려가고, 벤 허는 양발이 쇠사슬로 묶인 채 갤리선의 노를 젓는 노예 신분이 된다. 그들의 무죄를 알고 있던 멧살라는 친구의 일가가 멸망하는 것을 구경만 하고 있었다. 벤 허가 죄수의 신분이 되어 노예선으로 끌려갈 때 한 낯선 사람이 나타나 지친 그에게 물 한 그릇을 주는데, 위험을 무릅쓰고 자기에게 다가온 그 이상한 인물을 벤 허는 경이에 찬 눈빛으로 바라본다.

그 말없는 사람과의 첫 만남이 벤 허의 마음에 깊은 인상으로 남았다. 훗날 갤리선을 노 젓던 벤 허는 해적과의 싸움에서 위기에 처한 사령관 아리우스를 구출한 대가로 자유와 함께 아리우스의 아들로 입적된다. 그리고 식구를 찾아나가던 중 전차경주를 알게 되고, 그 전차경기에서 교활한 멧살라를 이기는 반면 멧살라는 심한 부상으로 죽는다. 그때 벤 허는 죽어가는 멧살라로부터 자기 어머니 미리암과 동생 티르자가 나병자 동굴에 버려졌다는 충격적인 사실을 듣게 되고 노력 끝에 찾게 된다.

어느 날 벤 허는 자기 약혼녀의 권면으로 그들을 데리고 그리스도의 말씀을 듣기 위해 예루살렘으로 간다. 그런데 예루살렘 거리는 텅 비어 있었다. 이유는 사람들이 그리스도 처형을 구경하기 위해 몰려갔기 때문이었다. 지쳐 넘어지면서도 십자가를 짊어지고 나가던 그 사람에게 주기 위해 물 한 그릇을 들고 나아간 벤 허의 눈이 그분의 눈과 마주쳤을 때,

벤 허는 그 사람이 바로 자기 마음에 남아있던 그분이라는 사실을 알고 놀란다. 바로 과거 갤리선으로 끌려가는 자기에게 물을 주던 분이었다. 다가온 병정이 물그릇을 엎어버리고 그리스도는 다시 십자가를 지시고 갈보리 산에 올라 못 박히신다.

얼마 후 벤 허는 자기를 십자가에 못 박는 자들을 용서해달라는 그리스도의 음성을 듣게 되고, 캄캄해진 하늘에선 천지가 갈라질 듯한 뇌우와 함께 비가 내린다. 그 빗속에서 어머니와 동생의 나병은 완치된다. 이 모든 과정을 지켜본 벤 허는 회심하여 그리스도인이 되고.

예수님이 음성 없이 뒷모습만으로 등장하고 수많은 무리가 말씀을 듣기 위해 그 말없는 존재를 바라보는 장면은 장엄하기까지 하다. 영화 내용은 허구지만 복음적이다. 영화를 보는 동안 나는 유다 벤 허의 자리에 나 자신이 겹쳐지는 경험을 했다. 갤리선으로 끌려가는 벤 허도, 나병에 걸려 고통과 절망의 누더기를 걸치고 동굴에 버려진 누이와 어머니도 모두 인간의 모습이다. 죄라는 나병에 걸려 죄의 노예가 되어 고통과 절망으로 찢어진 누더기를 걸친 인류의 모습 말이다.

인간의 정체성을 가리키기 위해 만들어진 용어들이 있다. 호모 사피엔스(Homo sapiens-생각하는 인간), 호모 파베르(Homo faber-도구를 사용하는 인간), 호모 로쿠엔스(Homo loquens-언어를 사용하는 인간), 호모 폴리티쿠스(Homo politicus-정치하는 인간) 등.

아이작 뉴턴은 만유인력의 법칙을 발견하고 아인시타인은 일반상대성이론과 특수 상대성이론을 발표했다. 지금 세계는 놀라운 토목 기술로

각종 빌딩과 도시를 구성하고, 우주 정복을 운운한다. 지상에는 초음속 기차를 구상하고 하늘에는 음속 몇 배의 여객기를 설계한다. 생명공학 기술에 의한 GMO(Genetically Modified Organism - 유전자변형체)의 일환으로 만들어진 각종 유전자변형식품, 기후 조작, 우주군 창설 등 인간의 위상은 가히 초인적이다. 그런 마당에 인간이 죄인이라는 주제를 끄집어내는 것은 주소를 잘못 찾는 행위가 아닐까?

이렇게 생각해보자. 한 마리 참새의 다리에 탄력성 좋은 고무줄을 매어 놨다. 참새가 날기를 원한다면 50m까지도 날아갈 수 있다. 자기의 발이 고무줄에 묶여있는 줄도 모르고 누구도 자기를 제어할 수 없다고 무한한 자유를 노래하면서 날아가던 참새는 50m 이상 전진이 불가능하여 원래 있던 자리로 끌려오는 것을 반복한다. 아무리 시대가 변하고 인류 문화의 진보가 이루어졌어도 3000년 전이나 3000년 후나 숟가락과 젓가락으로 식사를 하는 것은 어쩔 수 없다. 이것이 인간이다. 인간은 죄인이다. 인생은 누더기다. 세상은 동일하다. 본질에서는 아무 것도 변한 게 없고 아무 것도 개선된 게 없다. 인간의 본질이 변하지 않는다면 인간의 운명도 세상의 운명도 변하지 않는다. 쉬어버린 밥을 고가의 그릇에 담는 것처럼 인간을 문화와 과학과 예술과 철학으로 도배해도 쉰 밥이 변하지는 않는다.

인간은 죄의 노예요, 인간의 생애는 누더기요, 이 세계는 마구간이다. 아무리 문화와 과학과 예술과 철학으로 포장해도 인간은 다시 이 세상에 전쟁을 일으키고, 이 전쟁을 위하여 가공할 무기를 축적한다. 모든 나라의 국방비가 얼마이며, 그들이 머리를 싸매고 개발하는 신무기는 무엇을 위함인가? 인간 살상이다. 모든 정치력을 발휘하여 보편적 평화를 이루려고 해도 이 세상에는 부패와 범죄와 악인이 넘쳐난다. 이 세계의 포장을 보지 말고 의미를 보라. 당신에게는 어떻게 보이는가? 누더기다. 나병자 동굴이다. 마구간이다. 이 더럽고 냄새나고 비좁은 마구간으로 하나님이 오셔서 누우셨다는 사실이 성탄절이 의미하는 바다.

우리는 하나님의 아들 예수 그리스도가 우리와 같은 인간의 모습으로 우리가 사는 이 세상의 땅을 걸으셨다는 사실을 당연하게 받아들이면 안 된다. 우리는 하나님의 아들이 우리와 같은 인간의 모습으로 오신 것이 인간을 위해 죽기 위한 것임을 상기해야 한다. 모든 인간은 살기 위해서 이 세상에 태어난다. 그러나 오직 한 분만이, 영원한 생명이신 분이 우리의 구원을 위해 죽으려고 몸을 지니고 이 나병자의 동굴로 들어오셨다는 것이 이 지구 최대의 사건이라는 것을 잊어선 안 된다. 그렇게 자기를 죽음에 내어준 사형 도구가 십자가인 것이다.

예수 그리스도가 나에게 무슨 의미이며, 예수 그리스도의 십자가가 내 인생과 무슨 상관이 있다는 말인가, 라고 질문해본 적은 없는가? 학업에 열중하는 학생에게, 연애에 빠진 젊은이에게, 사업 구상에 힘쓰는 사업가에게, 국가 경영을 하는 정치인에게, 제자 양성에 힘쓰는 교수에게, 가사 운영에 정신없는 일반인에게 십자가가 무슨 대수란 말인가?

피땀 흘리며 건설하는 인류 문명과 십자가가 무슨 상관이란 말인가? 왜 희망찬 미래를 향하여 나아가는 인류의 발전 현장에 나타나 진부한 종교적 상징물 따위를 거론하면서 인류를 훼방하느냐고? 도대체 에펠탑이나 수백 층 고층 빌딩과 십자가가 무슨 상관이냐고? 그렇게 질문하는 당신들은 에펠탑을 짊어지고 살 수는 없다. 그렇게 질문하는 당신들의 구원과 수백 층 고층 빌딩이 정말 상관있다고 생각하는가? 한 걸음 더 나아가 더 진솔한 질문을 던져보자. 학업에 열중하든, 연애에 몰입하든, 사업에 힘쓰든, 국가 경영에 정신이 없든, 가사 운영에 애를 쓰든 당신은 이 한 가지 준엄한 사실에 직면하게 될 것이다.

"당신은 죽는다!" 당신이 죽을 때, 좀 더 현실적으로 말하자면 당신 영혼의 구원과 소망과 평화를 위해서는 사실 학업도 연애도 사업도 정치도 철학도 심지어 가족이나 가사도 소용이 없다. 나병자 동굴에 던져진 벤허의 누이와 어머니에게 이 모든 것들이 의미가 있을까? 가치가 있을까? 사실을 사시로 보지 말고 직시하라. 그들을 치료한 것은 십자가였다.

에펠탑이 아니라 십자가다. 빌딩이 아니라 십자가다. 아파트가 아니라 십자가다. 대형 승용차가 아니라 십자가다. 성형이 아니라 십자가다. 명문 대학이 아니라 십자가다. 저금통이 아니라 십자가다. 예수 그리스도 밖에서 모든 사물은 그 정체를 가린다.

하지만 예수 그리스도 안에서 모든 존재와 사물은 그 진정한 정체를 드러낸다. 보이는가? 이 나병자 동굴, 이 피비린내 나는 전쟁터, 이 황량한 광야, 이 냄새나는 마구간 중앙에 나무 하나가 서있다. 그것은 예수 그리스도께서 영적 나병자들을 고치시기 위해, 죄와 마귀의 노예들을 해방시키시기 위해, 인간에게 영원히 죽음의 두려움을 제거시키기 위해 자기 몸을 죽음에 넘겨주신 십자가다.

십자가는 하나님을 대적하는 인간의 죄악과 그런 인류를 구원하기 위해 스스로를 죽음에 넘겨 못 박혀 죽으시는 하나님의 사랑이 싸우는 현장이다. 십자가는 하나님 사랑과 인간 죄악이 싸우는 전쟁터다. 하나님의 슬픔과 하나님의 진노를 나타내는 표시로 우주는 세 시간 동안 빛을 잃었다. 그렇게 죽으신 후 삼일 만에 부활하심으로써 예수 그리스도가 하나님이시라는 사실과 그분 속죄의 은총이 영원히 성취되었다는 사실이 확증되었다. 이 십자가가 없었더라면 인류가 어떻게 하나님의 진면목을 알 수 있었을 것이며, 이 십자가가 없었더라면 인류가 어떻게 구원을 바랄 수 있었겠으며, 이 십자가가 없었더라면 인류가 어떻게 하나님의 영광스러우심을 알 수 있었겠는가. 그대여, 십자가를 알라. 십자가를 바라보라. 기독교는 예수 그리스도다. 기독교는 십자가다.

모든 인간은 살기 위해서 이 세상에 태어난다.
그러나 오직 한 분만이, 영원한 생명이신 분이 우리의 구원을 위해
죽으려고 몸을 지니고 이 나병자의 동굴로 들어오셨다는 것이
이 지구 최대의 사건이라는 것을 잊어선 안 된다.
그렇게 자기를 죽음에 내어준 사형 도구가 십자가인 것이다.

실체와_____그림자

　어느 목회자 부부의 일상이다. 새벽기도를 위해 새벽에 일어나면 복장을 갖추고 잠시 앉아 있다가 교회당을 향했다. 기도회를 마치고 집에 도착해서는 성경을 읽은 후 한 시간 정도 눈을 붙이고 일어나면 아내는 식사준비를 한다. 그 부부는 하루에 두 끼의 식사를 하기에, 늦은 아침에 아침 겸 점심 식사인 소위 브런취를 섭취한다. 그 아내는 갑작스럽게 닥치는 손님들을 별로 두려워하지 않을 정도로 손이 빠르고 음식 솜씨 또한 좋다. 한참 자고 있는 한밤중이라도 남편이 물 한 그릇을 원하면 그 아내는 아무 말 없이 가져다 줄 만큼 헌신적이고 정숙하다.
　남편이 아파 누워있을 때 아내는 성심껏 남편을 간호하지만, 반대로 아내가 아파 누워있을 때 남편은 은근히 아내가 빨리 일어나주기를 바란다. 마음이 아파서이기도 하겠지만 아내가 아파서 손을 놓고 있으면 집안 살림의 균형이 흐트러지고 불편하다는 이유 때문이기도 하다. 남편이 아플 때도 아내 자신이 아플 때도 아내의 존재감은 더하다. 남편이 자주 이용하는 도서관이 있는데 도서관에서 책을 빌릴 때 남편은 아내가 읽을 책들도 같이 가지고 온다. 독서 후 간혹 아내는 이 저자는 이런 특징을 가지고 있으며 저 저자는 저런 소질을 가지고 있다는 평을 하기도 하는데, 이런 독후담을 통해 지적인 즐거움을 교류하기도 한다.

남편이 아내에게 생일 선물을 하는 습관은 이렇다. 아내에게 돼지저금통을 하나 마련하게 한다. 그리고 여윳돈이 생길 때마다 일 년 간 거기에 만 원짜리 또는 오만 원짜리를 집어넣는다. 생일 전 날 밤 아내에게 저금통 수여식을 갖고 저금통을 열게 하면 열린 돼지 안엔 아내 얼굴에 미소가 피어날 만큼은 들어있는데 돈의 액수 때문이 아니라 남편이 자기를 위해 일 년 간 모금했다는 고마움 때문이다.

그 부부는 저금통을 통해서도 세월의 흐름을 감지하니, 이유는 개봉한 지 얼마 안 된 느낌인데 벌써 일 년이라는 시간이 흘러 또 돼지저금통을 개봉해야 한다는 사실 때문이다. 날이 어두워지면 저녁 식사를 끝낸 후 그날의 일들을 이야기하곤 한다. 아내는 화초를 좋아해서 집 한쪽 구석에 여러 가지 식물을 가꾸고 남편은 그 식물 주변에 앵무새며 비둘기 매미 풍뎅이 물개 거북이를 종이접기로 만들어 배치시킨 적도 있다. 남편이 종이접기를 하고있는 모습을 보고 웃는 아내의 웃음은, 어린애를 보는 듯한 모성애적 감정의 표현일 것이다. 또 그 남편은 우산 쓰기가 서툴러서 우산을 쓰고 집으로 돌아와도 옷이 많이 젖어있다. 그러면 아내는 "당신은 도대체 우산을 어떻게 쓰는 거예요!"라고 나무란다.

우산. 부부란 이 우산을 받쳐 들고 주어진 지점까지 걸어가는 동행자다. 상대가 이 세상에서 유일한 최고의 파트너라고 종교적 의미까지 부여할 필요는 없다고 본다. 상대가 아니었다면 자기는 영원히 결혼하지 않았을 것이며 오로지 상대가 있었기에 자신은 결혼할 수 있었다고 말하는 것은 과잉의 냄새가 난다. 상대가 아니었더라도 자기는 누군가와 만나서 결혼했을 것이며, 그 상대 역시 지금 사는 상대만큼 좋을 수도 있을 수 있지 않겠는가?

그러나 만약의 상황이란 비현실이다. 우리는 현재의 사람과 만나게 해 주신 하나님의 뜻을 존중하며, 그 사람과 만난 것을 감사하며, 그래서 그 사람이 적합한 상대라고 생각하면서 부부 생활을 영위해야 할 것이다. 우리는 이 관계가 시작된 지점은 알지만 끝나는 지점은 모른다. 또 두 사람의 동행이 끝나기까지 행로에서 겪을 일들을 미리 예측할 수도 없다. 하지만 언제가 되든지 무슨 일을 겪든지 우산을 접는 날까지 성실하게 동행해야 하는 것이 부부관계다.

그 남편이란 사람은 내게 이런 말을 한 적이 있다. 우산을 받쳐 들고 있는 자기가 종종 아내에게 비를 맞게 한 것 같아 신랄한 감정이 되기도 한다고. 그러면서 자기가 아내로부터 받은 최고의 선물은 언젠가 아내가 자기에게 했던 이 말이라고. "당신은 진실해요, 다시 태어나도 당신과 결혼하고 싶어요. 당신 먼저 세상을 떠나면 안돼요. 그렇게 되면 나는 아무 것도 못할 거예요." 그런데 그는 자기 아내의 그 말이 눈물겹도록 고맙지만, 그 말 속엔 다른 의미의 눈물이 나게 만드는 이유가 있다고 했다. 그것은 사실 자기는 자기 아내에게 그런 말을 들을 사람이 못 된다는 것을 너무 잘 알기 때문이라고. 사실은 아내가 자기에겐 과분한 여인이라는 말을 첨부하면서…

관계 중에서도 이 지상에서 가장 밀접한 관계는 부부관계다. 그러나 밀접할수록 그것은 슬픔과 허망함의 가능성을 지니고 있다. 무슨 뜻인가? 이 세상엔 정말로 중요한 것들이 있다. 그런데 그 중요한 것들이 영원하지 않다면, 지상에서 한시적으로 끝날 것이라면 그 중요성은 허망함으로 마침표를 찍을 수밖에 없다는 사실을 강조하는 것이다.

살펴보라. 이 지상에 슬픔을 내포하지 않은 순수한 행복이란 게 있는가? 모든 좋은 것, 모든 아름다운 것, 모든 행복한 것은 그 수위가 높을수록 비애의 정도 또한 그에 비례한다. 왜 그럴까? 인간 타락 후 지상의 모든 좋은 것에는 고통과 슬픔이 내포됐기 때문이다. 지상의 것은 그림자다. 그 자체로서 목적인 것이 아니라 영원한 목적을 가리키는 그림자라는 말이다. 물론 우리는 살아있는 동안 이 땅의 것에 충실해야 하지만 거기에 완전한 의미를 부여해서는 안 된다. 이 세상의 것은 하늘에서 완성되는 것이다. 이 세상 것은 불완전하지만 하늘의 것은 완전하다.

이 세상의 것은 순간적이지만 하늘의 것은 영원하다. 부모자식관계, 부부관계, 친구관계, 이 모든 관계가 예수 그리스도 안에서 영광스럽게 완성되지 않는다면 그것은 얼마 후 녹아내릴 눈사람을 구경하듯 해야만 하는 것이다. 지상의 그림자가 아니라 하늘의 실체를 찾으라. 어떻게? 우리는 마태복음22장 30절에서 주님께서 하신 말씀에 주목해야 한다.

"부활 때에는 장가도 아니 가고 시집도 아니 가고 하늘에 있는 천사들과 같으니라." 이 구절은 영생을 얻은 사람들의 경우 결혼이나 생식이 불필요한 영화로운 육체 구조가 된다는 사실을 강조하신 말씀이지, 과거의 자기 가족을 망각하거나 절연하게 된다는 말씀이 아니다. 누가복음 16장에 나오는 음부에 빠진 부자는 얼마큼인지 알 수도 없는 거리 밖에 있는 나사로를 금방 알아보지 않았는가? 지상의 현실과 하늘의 현실이 다르고, 지상에서의 몸의 구조와 하늘에서의 몸의 구조도 다르기에 지상에서처럼 결혼이나 성생활이나 가정생활이 필요한 게 아니지만 이 모든 것은 완성된 관계로 존재하게 된다. 개구리가 과거 올챙이 때처럼 꼬리를 달고 살아야 할 필요가 없는 것처럼. 그러나 성경이 명시하는 것은, 그림자는 저절로 실체가 되는 것이 아니라는 사실이다. 여기서부터는 믿음의 문을 열고 들어가야 한다.

즉 시간 세계에서 영원 세계로의 이동은 실제이며, 이렇게 순간에서 영원으로의 이동은 반드시 예수 그리스도를 믿는 믿음의 문 안에서 이루어진다. 만일 믿지 않는다면 지금 논하는 이야기는 모두 헛소리가 된다. 어떻게 하늘의 실체가 되는가에 대한 답변은 한 마디로 예수 그리스도 안에서다.

예수 그리스도 안에 있지 않은 존재, 예수 그리스도 안에 있지 않은 관계, 예수 그리스도 안에 있지 않은 희망은 모두 허망한 것이다. 만일 위의 부부가 예수 그리스도 안에 있지 않고 십자가 신앙 안에 있지 않다면 그들의 관계는 애틋한 만큼 슬픔의 농도도 포함하고 있는 것이다. 한 인간이, 한 가족이, 한 관계가 주 예수 그리스도를 믿고 그와 연합하여 그 안에 있을 때 그것은 영생을 의미하며, 그때 그는 순간적 존재에서 영원의 존재로 변화된 것이며, 그림자에서 실체로 이동한 것이다. 다만 이 사실이 구체적으로 실현되는 것은 하늘에서다.

사과나무에 햇빛이 비치자 땅 위에 사과나무 그림자가 생겼다. 사과나무는 실체이지만 나무 그림자는 실체가 아니다. 그림자는 실체가 빛을 받을 때 땅 위에 생기는 물리적 결과일 뿐 거기엔 실상이 없다. 사과나무에는 나무줄기와 나뭇가지와 잎사귀와 꽃과 열매가 있어 벌 나비가 날아들지만, 나무 그림자에는 나무줄기도 나뭇가지도 잎사귀도 꽃도 열매도 없다.

그 그림자 속을 한 마리 구도자 개미와 또 한 마리 냉소주의자 개미가 여행하고 있었다. 잠시 후 구도자 개미는 그림자의 어둠과 냉기를 참으면서 그림자의 근원을 추적해갔지만 냉소주의자 개미는 이게 다 무슨 허튼짓이냐며 그림자를 벗어나 다른 곳으로 가버렸다. 두 마리 개미의 종착지는 달라질 것이다. 구도자 개미는 사과나무 그림자를 따라 사과나무 본체와 그 열매에 도달하겠지만 냉소주의자 개미는 사과나무 실체와 무관한 공간에 도달할 것이다. 구도자 개미는 그림자가 가리키는 방향을 따라 실체에 도달했고, 냉소주의자 개미는 실체와 그림자를 비웃으면서 허무에 도달했다.

복음의 빛이 비춰온다. 여기서 실체와 그림자의 진실을 배우자. 지상은 하늘의 그림자, 지상의 몸은 영화로운 몸의 그림자, 지상의 생애는 하늘 영생의 그림자, 지상의 관계는 하늘에서 완성될 영원한 관계의 그림자, 지상의 집은 하늘 집의 그림자, 지상의 행복은 하늘 행복의 그림자, 지상의 기쁨은 하늘 기쁨의 그림자라는 것을. 지금 우리가 마음 속에 사무치게 사모하고 그리워하는 실제 대상은 이 지상에 있지 않고 하늘에 있다. 비록 우리가 현재 여기에 발을 디디고 살아가고 있지만 우리 삶의 방향은 여기가 아니라 하늘이다.

이 세계는 분명히 존재하고 우리의 인생도 꿈은 아니지만 이 세계는 완전하지도 영원하지도 않다. 우리가 무엇을 어떻게 얼마만큼 하건 우리의 인생은 여기서 완성되지 않으며 우리 인생에 대한 보상을 여기서 받을 수도 없다. 이 세계는 단지 우리가 삼위일체 하나님을 배우기 위한 학교요, 예수 그리스도를 통하여 영원한 세계로 들어가기 위한 경유지인 것이다. 이 경로를 위해 우리는 이 지상에 온 것이다. 우리를 죄에서 구원하여 이 영원한 생명의 실체로 인도하시기 위해 예수 그리스도께서 인간의 몸을 입고 십자가에 죽으시고 부활하신 것이다.

복음의 빛이 비춰온다. 여기서 실체와 그림자의 진실을 배우자.
지상은 하늘의 그림자, 지상의 몸은 영화로운 몸의 그림자,
지상의 생애는 하늘 영생의 그림자, 지상의 관계는
하늘에서 완성될 영원한 관계의 그림자, 지상의 집은 하늘 집의 그림자,
지상의 행복은 하늘 행복의 그림자,
지상의 기쁨은 하늘 기쁨의 그림자라는 것을.

자기 자신_____

　철없이 살아가던 어떤 사람이 인생의 어느 순간에 지적 망치의 공격을 받는 경우가 있다. 평생 철없이 살다가 인생을 마치는 사람들도 많지만. 그 공격이란 내부에 찾아오는 심오한 의문이다. "나는 무엇이며 누구인가?" 이 세상에서 자기가 무엇인가를 궁구하는 존재는 인간밖에 없다.
　물질적인 인생관을 가진 사람이라면 지금 자신이 음식을 먹고 옷을 입고 잠을 자고 돈을 벌고 목숨을 이어감에 있어 굳이 자기가 무엇인지를 따져야 할 필요는 없을 것이다. 기껏 그들이 도달하는 대답은 "나는 이 몸뚱어리야"라는 바위덩어리 같은 것일 것이다. 그런 걸 안다고 해서 더 잘 먹거나 더 잘 살 것 같지도 않은데 왜 그런 질문이 생기는 것일까?
　잘 살건 못 살건 관계없다. 인간에겐 잘 살고 못 살고보다 훨씬 근원적인 문제가 바탕에 깔려있는 것이다. 개나 돼지라면 이런 의혹에 휘말리는 일은 없겠지만 인간은 그렇게 단순하지 않다. 이걸 모르면 밥을 못 먹고 옷을 못 입고 잠을 못 자고 돈을 못 버는 것보다 훨씬 심각한 정신적 결손이 생기기 때문이다. 그것은 그대로 우리의 존재와 삶을 좀먹는 존재의 병이 된다. 그 병의 이름은 '무의미'다. 왜일까? 인간이기 때문이다. 숲에 서 있는 나무는 자기가 무엇인지 모르고 우주도 자기 존재의 의미를 모른다. 우주 안에 잠재하는 정적은 어두운 침묵이요, 이 어두운 침묵에 지성의 빛을 투사하는 존재가 인간이다.

그리고 그 지성의 빛이란 하나님과의 관계로부터 온다. 인간은 하나님 지식과 더불어 자기 지식을 가져야 한다. 그런데 자기 지식은 하나님 없이는 결코 가질 수 없는 지식이다. "그냥 살면 되지 자기 정체성이나 인생의 의미 같은 걸 왜 알아야 하는가? 또 그런 게 있기나 한 것인가?"라고 말할 사람이 있을지 모르겠다. 동물이라면 그냥 살고 또 그렇게 살 수밖에 없지만, 사람은 다르다. 여기 긴 끈에 커다란 빵 한 덩어리가 묶여있다 하자. 그 빵 앞에서 배고픈 곰과 배고픈 사람이 취하는 행동은 다르다. 곰은 아무 생각 없이 그 빵을 덥석, 집어먹을 것이다. 하지만 사람은 그게 무슨 빵인지, 그 빵이 왜 거기 놓여있는지, 누가 무슨 목적으로 기다란 끈에 빵을 묶어놓았는지, 이 끈의 끝은 어디인지를 추적할 것이다. 빵에 관해서 그렇다면 자기 존재의 기원과 목적에 대해선 어떠하겠는가? 정체성이란 관계 속에서의 자기 신분 또는 위치다.

건강한 지성의 소유자라면 이 우주라는 무대에 서있는 자기의 실체와 기원과 역할과 목적과 의미가 무엇인지에 대해 탐구하지 않고는 배기지 못한다. 집이 기반 위에 서있듯이 인간은 이런 지식의 기반 위에서 자기를 이해하고 자기가 살아야 할 삶을 경영하는 존재인 것이다.

로고데라피란 말이 있다. 로고스(logos-말씀, 이성, 뜻, 의미)라는 단어와 데라피(theraphy-치료)라는 단어의 합성어이다. 이것은 인간 문제의 근본은 자기 삶의 의미를 모른다는 것에 있으니, 인간의 실존적 의미를 발견하게 함으로써 그 사람의 병을 치료한다는 정신요법이다. 이는 나치수용소에서 아내와 식구를 잃고 죽음을 기다리다가 독일이 패망함으로 구사일생한 빅터 프랭클이 창시한 것이다. 그는 그의 '죽음의 수용소에서'라는 저서에서, 나치수용소에서조차 인간에게 중요한 것은 의미라고 했다. "인간에게 있어 가장 무서운 일은 지금 자신이 겪고 있는 일이 무의미하다는 사실이다."

빅터 프랭클은 의미 찾기를 인간 생활에서 가장 중요시했다. 아우슈비츠, 비르케나우 트레블린카, 마이다네크 등 나치가 설치한 섬멸수용소에서 극한 두려움과 고통으로 죽어가는 포로들이 더 두려워했던 것은 그들이 겪는 그런 일들의 의미를 모른다는 것이다. 만일 자기들이 겪는 일이 조국의 평화를 위한 밑거름이라든지, 사랑하는 가족을 지키는 길이라든지, 가족과의 만남을 위한 준비라든지, 정신적 성장의 밑거름이 된다는 의미를 가지고 있다면 고통을 견뎌낼 명분이 있지만, 그렇지 않고 무의미의 의식 속에서 그들이 당하는 두려움과 고통은 배가된다는 것. 전쟁 후 빅터 프랭클은, 많은 사람들의 정신 질환이 존재의 의미에 대한 무지에 그 원인이 있다는 것을 주장하며 나름대로 치유의 길에 나섰다.

생활고, 질병, 고난, 손해, 상실, 재난, 불행 등이 사람들을 공략해도 삶의 의미를 안다면 이런 것들이 그 사람을 근본적으로 파괴시킬 수는 없다는 주장이다. 사람에겐 권력 의지나 쾌락 의지도 있지만, 사람의 가장 심오한 의지는 의미를 찾고자 하는 의지라고 그는 주장한다. 프랑스에서 있었던 여론 조사를 예증으로 든다. 그 결과 89%의 사람들이 삶을 위하여 "뭔가 뜻있는 것"이 필요하다는 점을 인정했으며, 61%의 사람들은 그들의 삶에 무엇인가 또는 누군가 있었고 그것을 위해서는 죽을 각오까지 되어 있다고 인정했다.

빅터 프랭클은 또 빈에 있는 그의 진료소에서 환자들과 의료진들을 상대로 같은 여론조사를 실시했는데 그 결과는 프랑스에서 수천 명을 상대로 한 실시와 2% 정도의 차이만 나는 동일한 것이었다. 그는 경고한다. "우리는 모름지기 자기 자신들부터 알아야 한다. 우리가 삶에 걸고 있는 기대는 문제되지 않는다. 중요한 것은 삶이 우리에게 걸고 있는 기대인 것이다."라고. 나는 이 로고데라피가 인간의 모든 문제를 유아기의 성적 억눌림의 표출로 본 프로이트의 발상보다도 훨씬 더 건전하고 성숙한 것이라고 본다.

그런데 나는 자기 실체, 자기 정체성을 아는데 왜 하나님 신앙이 필요하다는 논리를 펴는 것일까? 광야 한복판에 컵 하나가 떨어져 있다. 이 컵이 생각하기 시작했다.

"도대체 나는 무엇일까? 왜 나는 여기 있는 것일까? 아, 주변에 개미가 많은 걸 보니까 개미집인가 보다. 아냐, 그런 게 아냐. 무엇일까? 아, 새나 다람쥐 등이 지나가다가 목이 마르면 마시라고 하늘의 비를 담아두는 용기인가 보다. 아냐, 그런 것도 아닌 것 같아. 뭐지? 아, 알았다. 토끼나 여우가 지나가다가 심심하면 땅땅 때려보는 장난감인가 보다. 아닌데… 이것도 아닌 것 같아. 도무지 알 수가 없네."

백 년 동안 궁리해보라. 컵은 자기가 무엇인지 알 수 없을 것이다. 알

수 있는 길이 없을까? 반드시 인간에게 와야 한다. 그 컵을 만든 인간만이 왜 그 컵을 만들었는지, 그 컵이 무엇을 위한 용도인지 컵에게 말해줄 수 있는 것이다. 컵이 인간에게 와서 정중하게 자기 정체성을 묻는다면 인간은 대답할 것이다. "너는 내가 물을 마시거나 차나 커피 등을 담기 위해 하얀 진흙으로 만든 사기그릇이란다."라고.

간혹 책이나 현수막에서 자기를 발견하라. 자기 내면으로 침잠하여 자기가 무엇인지 찾으라는 문구를 대할 때가 있다. 어떻게 알라는 말일까? 자연과학과 철학과 문학과 사회학과 생물학과 인문학을 총동원해보라. 수천 년 동안 인간을 연구하고 수만 년 동안 자기를 궁구해도 인간은 자기 정체를 알 수 없을 것이다. 왜 그럴까? 광야에 떨어진 컵이 주인 없이 자기를 이해하려는 시도니까. 컵들이 모여서 서로 자기가 무엇인지 묻는 것이나 그 물음에 답하는 것이나 모두 우스꽝스런 행동이다.

자기 정체성을 알기 위해선 컵은 반드시 컵을 만든 사람 앞에 와야 하고, 인간은 반드시 인간을 만드신 하나님 앞에 와야 한다. 컵에 대한 정의는 그것을 만든 인간만이 할 수 있듯이, 인간에 대한 정의는 창조주 하나님만이 하실 수 있는 것이다. 그런 의미에서 인간이 자기 자신을 알기 위해서는 반드시 창조주 하나님을 믿어야 하고, 창조주 하나님께서 자기에게 하시는 말씀을 들어야 한다. "여호와를 경외하는 것이 지혜의 근본이요 거룩하신 자를 아는 것이 명철이니라(잠언9:10). 성경은 하나님이 왜 자신을 만드셨으며, 하나님과 자신은 무슨 관계이며, 그래서 자신은 무엇을 해야 하는가 하는 자기 정체성을 말해준다.

사람은 무엇일까? 나는 무엇이며 누구일까? 사람을 볼 때 경이감 같은 게 든 적은 없는가? 인간의 독특성은 첫째, 인간의 지성이다. 대체로 인간의 기원이나 인간의 역사를 논하는 인물들은, 고대의 사람들은 당장 먹을 것을 마련하기 위해 원시적인 방법으로 수렵이나 사냥만을 하고, 사고력이나 지적 능력이 현저히 떨어지는 미개한 부류의 인간들로 묘사한다. 마치 자기들이 직접 본 것처럼…

거짓말이다. 인간이라면 원시사회건 현대사회건 단순히 먹고 사는 문제에만 집착하지 않는다. 참새는 오천 년 전이나 후에도 참새요, 개는 오천 년 전이나 후에도 개다. 인간의 모습을 하고 있는 한, 인간은 오천 년 전이나 후나 지적 문제를 궁구하며 이 문제 해결 없이는 인간적 삶의 영위가 불가능한 것이다. 이 지적 기능을 감당하는 것이 능력이다. 이 사고의 능력으로 인간은 자기를 비롯하여 자기를 둘러싼 세계와의 관계를 헤아리고 이해한다. 그 중에 중요한 헤아림이 자기 헤아림, 곧 자기 정체성에 대한 이해인 것이다. 동물들은 사족 보행을 한다. 하지만 인간은 직립 보행을 한다. 사람은 자기가 창조하지 않은 지성과 감정과 의지를 가지고 있으며, 그의 지성으로 자기의 기원과 역할과 목적 등 정체성을 궁구하는 것이다.

둘째, 인간 본유의 특이하고 영광스런 특징은 영성이다. 동서고금을 막론하고 인간으로 태어난 자 안에는 신에 대한 지울 수 없는 본능이 있는데, 그것은 어떤 피조물에도 나타나지 않는 성향이다. 인간에겐 의식주의 기초 문제나, 정신적 작용까지 넘어서 창조주 하나님을 추구하고 그분과의 관계를 모색하며 그분을 예배하려는 성향이 있는 것이다. 인간 역사를 돌아보라. 어느 민족 어느 나라 어느 시대에도 하나님을 추구하고 하나님을 예배하는 흔적이 남아있다는 사실이 그 증거다. 하나님은 인간을 하나님의 형상을 닮도록 만드셨고 이 형상에 하나님과 교통하고 예배하려는 본능과 의지가 소재하는 것이다. 비록 인간이 타락하여 우상숭배로 이탈 현상을 보이기는 하지만 그것조차 인간이 하나님을 예배하는 불가피한 본능의 소유자라는 것을 말해주는 것이다. 셋째, 인간의 개성이다.

모든 사람에게 각자의 얼굴이 있는 것처럼 각자의 개성이 있다. 어떤 특징을 조금씩 공유하거나 비슷한 사람들은 있어도 완전히 똑같은 사람들은 이 세상에 없다. 땅 위에 내리는 수 조개의 눈송이들 하나하나가 모두 다른 모양을 하고 있는 것처럼 모든 사람은 각자 유일하며 특징을 가지고 있다. 어린애들을 관찰하다보면 그 아이들이 추구하는 방향이 다 다르다는 것을 발견한다.

어떤 아이들은 인형이나 장난감, 어떤 아이들은 자연물, 어떤 아이들은 책 종류, 또 어떤 아이들은 인형이나 장난감엔 관심 없이 유별나게 전기 제품이나 기계류에 관심을 보인다. 또 다른 아이들은 이런 취향이 조금씩 섞여있다. 모차르트는 뉴턴이 될 수 없고, 뉴턴은 렘브란트가 될 수 없다. 음악의 천재 모차르트에겐 뉴턴이 지닌 과학적 소질이 없고, 과학의 천재 뉴턴에겐 렘브란트가 지닌 화술 재능이 결여되어 있기 때문이다. 이렇게 다양한 재능이 인간세계를 구성한다.

하나님은 왜 인간을 만드셨을까? "하나님의 형상을 따라 만들어진 존재" 라는 말 속에 그 이유가 내재하며, 성경 도처에 그에 대한 설명이 있다. 그러나 인간의 범죄로 인간 안에 있는 하나님의 형상은 깨지고 흐려졌다. 그것은 마치 갈라진 도장을 찍었을 때 그 사람의 이름이 깨져서 나오고, 깨진 거울에 상이 깨져 보이는 것과 같은 이치다. 그럼에도 불구하고 깨진 도장도 도장의 흔적을 지니고 있으며 깨진 거울도 거울 조각을 지니고 있듯이 비록 깨졌더라도 인간 안에는 하나님의 형상이 남아있다. 즉 인간은 아무리 타락하고 변질되어도 인간일 수밖에 없다는 말이다. 그 인간이 그리스도 안에서 하나님의 은혜로 변화될 때 인간 안에 있는 하나님의 형상은 소생하고 변화된다.

그렇게 변화된 인간의 정체성을 성경은 몇 가지 개념을 들어 정의하는데, '하나님의 자녀(요 1:12)', '그리스도의 신부(고후 11:2, 계 21:9)', '하나님의 성전(고전 3:16)'이 그것이다. '하나님의 자녀'는 하나님의 생명을 받아 하나님을 닮고 알고 사랑을 나누는 존재로서의 존재를 의미한다.

'그리스도의 신부'는 예수 그리스도의 피로써 구속받아 영원히 그의 소유가 되어 그와 사랑의 교제를 나누는 존재를, '하나님의 성전'은 하나님의 성령을 통해 하나님이 그 안에 임재하시고 하나님의 것으로 구별된다는 것을 의미한다. "인간으로 살아간다는 것은 인간 이상의 대상을 향하여 살아가는 것이다."라는 빅터 프랭클의 말은 맞는 말이다. 대표적으로 이 세 가지는 하나님으로부터 그 존엄성이 부여된 인간의 개념이며, 이 정체성을 가지고 인간은 하나님의 영광을 위하여 살아가는 것이다.

인간에겐 하나님의 파트너라는 존귀한 의미가 있다. 원래 없었던 자가, 아무 것도 아닌 자가 하나님의 파트너가 되어 사랑과 섬김을 실현하는 위치에 서있는 영광스런 존재라는 것, 이것이 하나님의 은혜로 구원받은 인간의 정체성이다. 이것을 모르거나 무시한 상태에서의 모든 인간 이해는 진실이 아니다. 그리고 이것을 모르는 상태에서의 인간의 삶은 불행이다. 어느 순간 우리가 눈을 떠서 사면을 살펴보니 우리가 이 무한한 공간의 한복판에 서있다는 것을 알게 됐다. 그렇게 주변을 둘러보면서 이 공간이 무엇인지, 자기는 무엇인지, 왜 여기에 있는지, 무엇을 해야 하는지, 목적이 무엇인지를 알 수 없는 캄캄함 속에 있었다. 그렇다면 컵이 컵을 만든 주인 앞에 와서 존재의 의미를 묻듯이, 우리는 우주와 우리를 창조하신 하나님의 말씀을 들어야 한다. 예수 그리스도 안에서 이 모든 것을 온전히 이해하는 순간 우리는 완전히 어둠을 벗어난 빛 속에서 하나님을 찬양하게 될 것이다.

'그리스도의 신부'는 예수 그리스도의 피로써 구속받아
영원히 그의 소유가 되어 그와 사랑의 교제를 나누는 존재를,
'하나님의 성전'은 하나님의 성령을 통해 하나님이 그 안에 임재하시고
하나님의 것으로 구별된다는 것을 의미한다.

인생의_____목적

　인생의 목적이 무엇일까를 답안지 작성하듯 궁리해본 경험이 있는가? 그의 앞에는 객관식 문제처럼 많은 문항들이 나열되어 표기를 기다린다. 배우는 것일까? 소유하는 것일까? 누리는 것일까? 일하는 것일까? 자선하는 것일까? 예술일까? 하지만 이유는 몰라도 마음 깊은 곳에서는 이 모든 문항들에게 고개를 끄덕일 수 없었던 체험 말이다.

　캄캄한 밤하늘에 쏘아 올리는 불꽃은 순간적이지만 찬란하고, 찬란하지만 찰나적이다. 그 찰나성만큼이나 절실하다. 흰색 노란색 빨간색 파란색 초록색 주황색 보라색 직선 모양 해바라기 모양 국화 모양 하트 모양 야자수 모양. 각양각색으로 밤하늘에 작열하는 불꽃은 바라보는 이의 마음에 진한 감동을 뿌려준다. 인간의 생애를 닮았다. 밤하늘은 광대한 우주에, 순간적이지만 명료한 불꽃은 인생에 비교되지 않는가? 이 밤하늘에 얼마나 많은 불꽃이 피어나다 졌는가? 이 광대한 세상에 얼마나 많은 인간들이 태어났다가 사라졌는가? 여름날의 반딧불 같다. 인생 모양은 여러 가지다. 어떤 인생은 욕심의 무게에 피시식 꺼지고, 어떤 인생은 세상에 도취하여 광기를 부리고, 또 어떤 사람은 자기의 본분대로 영롱하게 밤하늘을 밝혔다. 불꽃을 쏘아 올린 자는 누굴까? 하나님이시다. 자기 스스로 이 세상에 나온 사람은 없기 때문이다. 왜 쏘아 올리셨을까?

　인간의 삶을 보시고 그들이 창조의 목적대로 살아가는 그 삶을 기뻐하시기 위해서다. 말하자면 없어도 되는 인간, 태어나 죄를 짓다가 꺼져 버릴 조그만 인생을 만드신 것은 그 인간이 자신의 정체성을 알고, 그 정체성에 따라 자신의 본분을 행하게 하려 하심이다. 그렇게 조그만 일생을 영위한 불꽃은 영원한 불꽃이 된다. 어머니의 자궁이 아이의 거처가 아니었듯이 이 세상은 우리가 머물 거처가 아니고 최종적 거처는 따로 있다. 우리가 버스 정거장에 온 것은 버스 정거장이 목적지이기 때문이 아니라 정거장에서 버스를 타고 목적지에 도달하기 위해서인 것처럼, 우리는 지상에 머물기 위해서가 아니라 지상을 거쳐 하늘에 도달하기 위해서 왔다. 지상은 영원한 세계로 가기 위한 경유지일 뿐이다.

　우리를 최종 목적지로 가기 위한 경유지인 지상에 보내신 것은 하나님을 알고 인생의 목적을 배우게 하기 위해서이다. 이것을 생각해야 한다. T.V 오락프로그램에서 나오는 주제들, 일반 잡지에서 대두시키는 내용들, 일반인들이 나누는 가십거리들을 살펴보라. 거기에는 지상의 학교에서 배워야 할 본질적 주제가 누락되어 있다. 그 천박함과 세속성은 인생의 목적과는 거리가 멀다. 인생을 뭐 그리 심각하게 대할 필요가 있느냐고? 심오한 척 하는 인간들은 위선자라고? 우리는 생각이 정지된 시대, 또는 생각을 하지 말라는 시대, 또는 생각하지 말고 행동하라는 그럴싸한 거짓말이 우세한 시대를 살고 있다. 이 시대정신을 거부해야 한다. 주님은 "들의 백합화가 어떻게 자라는가 생각하여 보라(마 6:28)"고 하셨다. "청년의 때에 너의 창조주를 기억하라(전 12:1)라고 했다.

불꽃을 쏘아 올리는 사람이 불꽃을 쏘아 올리는 것은 불꽃 자체를 위해서가 아니라 그것을 볼 사람을 위해서다. 하나님이 사람을 창조하신 것은 사람 자신을 위해서가 아니라, 사람이 창조된 본분과 목적에 따라 사는 것을 보시려는 하나님을 위해서다. 곧 사람이 하나님을 믿고 그분을 알고 그분을 사랑하고 그분을 즐거워하며 그분께 영광 돌리게 하기 위한 것이다. 인간의 생애는 하나님을 나타내는 조그만 불꽃이다. 하모니카를 분다면 그것은 하모니카를 입에 대고 부는 사람의 노래를 나타내는 것이지 하모니카 자체의 노래를 나타내는 게 아니다. 빨대를 입에 물고 비눗방울을 불었다면 그것은 빨대를 입에 대고 분 사람의 입김을 분 것이지 빨대 자체의 입김을 분 것이 아니다. 작가가 자기 자신을 가장 잘 표현할 인물을 원한다면 자기 자신과 같은 인물을 설정해야 한다.

그때부터 작중 주인공의 삶은 곧 작가 자신의 인생 표현이 된다. 작가의 성품과 작가의 심리, 그리고 작가의 의도는 그 작중 인물의 삶을 통하여 작품 속에 구현되는 것이다. 그런 의미에서 인간의 삶이란 곧 하나님의 의도와 목적을 나타내는 것이어야 하는 것이다. 그러나 이 말은 그가 개인의 인격이 없는 기계가 되어야 한다는 말이 아니라 하나님 안에서 존재의 목적을 따라 자유롭게 자기 구현을 하는 것이어야 한다는 말이다. 지구 저 멀리 있는 성운의 세계, 침묵이 내재하는 장엄한 우주, 바람에 흔들리는 코스모스, 꽃들을 찾아 날아다니는 벌들과 풍뎅이 등 모든 만물은 이 목적을 향하여 서있다.

그러나 우주는 비의지적으로 존재의 목적을 향해 서 있지만 인간은 의지적으로 존재의 목적을 향하여 서 있어야 한다. 그것이 하나님을 믿고 알고 사랑하고 경배하는 것이다. 이것이 하나님의 영광이요 이것이 인간이 존재하는 목적이다. 즉 하나님은 자신의 영광을 위하여 우주를 창조하셨고, 자신의 영광을 위하여 자신을 닮은 인간을 창조하셨다. 그러나 부디 오해하지 말라. 이 말이 하나님은 자신의 영광만을 고집하는 이기주의자라는 식으로 이해되어서는 안 된다. 왜 의지적이든 비의지적이든 우주 만물이 하나님의 영광을 위하여 존재해야 하는 것인지를 아는가?

우주에는 단 하나의 기준과 목표가 있는데 그것은 마치 궁수가 멀리 있는 타깃을 향해 화살을 쏠 때 단 하나의 과녁이 있는 것과 같은 이치다. 만일 이 세상에 잡다한 기준과 목적이 난무한다면, 그것도 이기적이고 부패한 자들의 기준과 목적이라면 만물은 혼란과 무질서에 빠지게 되며, 그것은 곧 만물의 붕괴로 이어질 것이다. 그러나 단 하나의 거룩하고 숭고하고 완전한 기준과 목적이 있다면 그 아래서 살아가는 피조물들은 완전한 안정과 질서와 평화와 행복을 보장받을 수 있을 것이다. 그 거룩하고 숭고하고 완전한 기준과 목적이 하나님이요 하나님의 영광인 것이다.

나는 멈출 수도 없고 뒤돌아설 수도 없었으며, 내 앞에 완전한 멸망 외에 아무 것도 없다는 사실을 보지 않기 위해 눈을 가릴 수도 없었다. 하나님을 인식하자마자 나는 삶의 보람을 느낀다. 그러나 하나님 신앙을 잃자마자 나는 자살 외에는 다른 길이 없는 생활에 빠진다… 하나님은 존재한다고 나는 내 마음에 말한다. 그 순간 내 안에선 생명이 돋아나는 것을 나는 느낀다.

톨스토이(참회록 중에서)

도대체 이 세상에서 나는 무엇을 했을까? 나는 살기 위해서 만들어졌는데 살아보지도 않고 죽어간다.

장 자크 루소(고독한 산책자의 몽상 중에서)

자기 인생에 회의를 품게 된 한 사람을 창작해보겠다.

"아침에 눈을 뜨는 순간부터 내 병든 두뇌는 허망한 잡념의 공장이 된다. 내 모든 행동 동기는 이기적이고 행동 방식은 과시적이다. 내 사생활은 나의 관심 나의 계획 나의 목표 나의 성공 나의 가족 나의 기분 나의 쾌락 나의 여가 등 온통 자기 집중이다. 가벼운 만남에서도 내가 인정되면 포만감을 느끼고 무시되면 증오심으로 이글거린다. 내가 만일 선행을 한다면 그것은 나에 대한 존경심을 유도하기 위한 안배요 내가 성실하다면 성실하다는 자타의 평가를 노렸기 때문이다.

다른 사람들과의 대화에서 나는 나 이상의 무게감을 상대에게 암시하려고 했고 나 이상의 입지를 세우려고 애썼다. 고급 승용차를 몰고 회장에 도착하여 하차할 때, 그리고 폐회 후 지인들과 가식적 인사를 나누며 승차하여 운전대를 잡을 때 나는 아무도 알아주지 않는 존재감에 으쓱하곤 했다. 소위 일류 레스토랑에서 인간에게 불필요한 고가의 음식물을 쓰레기처럼 내 뱃속에 채우고는 교만한 만족감이 미소 짓고 있었다.

고급 자재로 이루어진 고급 아파트 속 실내 구조는 번쩍거리는 가구들이 정렬하고 있지만 아무리 둘러봐도 거기에 정신적 깊이가 없다. 양질의 양복 속에 내 헐벗은 영혼을 감추고는 엘리트인 양 미소 짓는 내 머리통은 사실 텅 비었다. 좀 가졌을 때의 오만한 의식, 좀 알았을 때의 우쭐한 태도, 좀 누리고 있을 때의 기름 낀 몸짓 등은 여지없이 똥파리 기질이다. 세속적 관심사나 사회적 이슈에 관해서 사교적 매너를 발휘해가며 상대와 담론하지만 막상 돌아서면 모두 다 쓰레기이며 그냥 더럽혀진 느낌뿐이다.

나는 이 인간 사회의 더러운 생리 속에 기생하는 기생충이다. 그냥 광대다. 아무리 뒤져봐도 내 인생 속엔 정신이라든가 진지한 반성 같은 게 없었다. 하나님? 신에 대하여는 일말의 관심도 없다. 그리고 인간에 대해 사랑이라든가 동정이라든가 하는 것은 느껴본 적도 없는 반면에 권태감이나 허탈감은 늘어만 간다. 이게 뭔가? 나는 지쳤다. 나는 텅 비었다. 감동도 감격도 기쁨도 감사도 없다. 나는 없고 넌더리나는 내 껍질만이 걸어 다닌다. 나는 오물구덩이에 빠진 돼지인가? 왜 나는 이렇게 된 것인가?"

1장에 나오는 소녀는 사랑스런 애인을 만나 결혼해서 아담한 가정을 꾸리고 아이를 낳아 기르면서 행복해 하는 생활로 삶의 목적을 삼을 수도 있었다. 아니면 방향을 바꿔 예술가나 교수나 사회사업가로서의 성취를 만족해하며 인생을 영위할 수도 있었다. 그러나 그런 것들이 소소한 만족감은 줄 수 있다 하더라도 단 한 번뿐인 인간의 생애에는 그보다는 훨씬 높고 숭고한 목적이 있는 것 같았다. 인간에겐 행복이 필요하다. 배고픈 새가 날아갈 수 없는 것처럼 행복에 주린 사람은 자기 인생을 건강하게 유지할 수 없다.

그래서 사람들은 행복에 아부도 해보았다가 추파도 던져봤다가 거래도 해본다. 서점에 나오는 수많은 자기계발서나 행복 지침서들은 나름대로 이 행복이라는 파랑새를 손아귀에 쥐게 하는 방법을 우리에게 가르친다. 하지만 해보라. 결코 성공하지 못할 것이다. 왜냐하면 행복주의는 이기주의이기 때문이다. 자기의 행복을 삶의 목적으로 삼는 사람은 행복 숭배자들이요 그것은 자기집중의 한 형태다. 그래서 그들은 행복할 자격이 없고 그래서 행복할 수 없다. 인간과 행복 사이에 개재된 미묘한 원칙을 보지 못하고 뛰어가면 결코 행복에 도달할 수 없는 것이다.

행복은 인생의 목적이 아니다. 행복은 목적이 아니라 결과다. 행복은 이 세상 어느 것에도 있지 않고, 이 세상 어느 것과도 타협하지 않으며, 이 세상의 어느 것도 도달할 수 없는 곳에 있다. 만일 가족 재능 재산 직업 학벌 성취 지위 신념 따위로 행복과 거래를 하려고 든다면 행복은 그에게 눈길도 주지 않을 것이다. 도도한 여자가 자기를 졸졸 따라다니는 사람을 거들떠보지도 않는 것처럼 행복은 자기에게 환장한 사람을 도도하게 무시해버린다. 하지만 행복은 시종일관 자기보다 상위 가치에 시선을 두고 거기에 헌신하는 사람에게 애정 어린 눈길을 보낸다. 행복보다 상위가치란 무엇인가?

하나님이다. 하나님 신앙이다. 행복은 하나님과의 관계다. 영생이란 그리스도와 연합하는 것, 그래서 삼위일체 하나님과의 관계 속으로 들어가는 것인데 이것이 행복의 본체인 것이다. 인생은 불꽃놀이를 닮았다. 불꽃의 축제는 곧 끝난다. 오래 가지 않는다. 여름 해변의 썰물처럼 사람들이 빠져나간 빈 공간엔 쓰레기가 뒹굴고, 밤하늘엔 더 이상 불꽃이 타오르지 않을 것이다. 그러나 하나님을 소유하라. 하나님을 믿고 사랑하고 경배하라. 예수 그리스도는 당신의 모든 것이다. 하나님은 당신의 영원한 목적이다. 마음으로 삼위일체 하나님을 경배하라. 오직 영화로우신 하나님 아버지, 거룩하신 주 예수님을 알고 사랑하고 경배하는 것이 우리 존재의 목적이며 이것이 하나님이 영광을 받으시는 길이다. 삼위일체 하나님만이 사랑과 영광을 받으시기에 합당하다.

"여호와의 이름에 합당한 영광을 그에게 돌릴지어다. 예물을 들고 그의 궁정에 들어갈지어다. 아름답고 거룩한 것으로 여호와께 예배할지어다(시편 96:8-9)."가 그런 뜻이다. 이런 것을 가르치는 곳이 교회이며, 이렇게 예배를 드리는 곳이 교회다.

인생의_____의무

　솔로몬의 정권이 끝나면서 그 아들 르호보암 때에 이스라엘은 남북으로 나누인다. 북 왕국 이스라엘은 여로보암을 시작으로 마지막 왕 호세아까지(B.C. 931-B.C. 722) 209년간 아홉 왕가의 19명의 왕이 통치하다가 앗수르에 의해 멸망되고 남 왕국 유다는 좀 더 지속되는데, 르호보암으로부터 시드기야까지(B.C. 931-B.C. 586) 345년간 다윗 왕가의 통치가 지속되다가 바벨론에 의해 국운이 다한다. 그들 멸망의 원인과 상황은 열왕기나 예레미야에 잘 드러나 있다.

　"내 백성이 두 가지 악을 행하였나니 곧 그들이 생수의 근원되는 나를 버린 것과 스스로 웅덩이를 판 것인데 그것은 그 물을 가두지 못할 터진 웅덩이들이니라"(렘 2:13).

곧 이스라엘의 멸망은 불신앙과 불순종과 우상숭배에 있었다는 지적이다. 성경은 이스라엘의 우상숭배를 음행이라는 단어로 표시하는데 이 음행은 세 가지를 포함한다. 첫째는 하나님을 의지하지 않고 세상 권력과 힘에 의지하는 정치적 음행, 둘째는 살아계신 참 하나님보다 다른 것을 더 사랑하고 추구하거나, 하나님이 아닌 사악한 귀신이나 우상을 숭배하는 종교적 음행, 셋째는 실제적 음행. 이스라엘의 역사 속에 이 음행죄는 심각했고, 이것은 개인의 인생뿐 아니라 그 사회 전체를 부패시키는 정도로 나아갔다.

나는, 인간이 이 땅에 잠시 보내진 것은 하나님을 알고 그분을 경외하는 인간의 본분을 배우게 하시려는 의도였다고 했다. 범죄 이후 하나님을 떠난 인간 현실은 암울하다. 아담과 하와가 하나님께 반역한 후 인류에게 내려진 하나님의 선고 속에는 인간이 감내해야 할 암울한 현실이 내포되어 있다. 인간은 하나님처럼 되고 싶은 교만한 욕심에 눈이 어두워 하나님의 말씀을 버리고 사탄의 말을 따랐으며, 그래서 에덴의 풍요로운 조건에서 추방되어 가시와 고통이 번성하는 에덴 밖으로 떨어진 것이다. 그렇지만 이것은 형벌이라는 의미만은 아니었다.

마치 부모에게 떼를 쓰기만 하는 아이를 잠깐 집 밖에 세워둠으로써 부모의 사랑 안에서 사는 것과 부모의 사랑 밖에서 사는 것의 차이를 배우게 하려는 것처럼, 인간으로 하여금 자기 생명과 행복의 근원이 어디에 있는지를 배우게 하시려는 하나님의 배려이기도 했던 것이다. 사람은 신본주의와 인본주의, 자기 숭배와 하나님 신앙의 차이를 배워야 한다. 진정한 생명의 행복을 찾기 위해선 사람은 가시와 허무로 뒤덮인 불신앙의 현실에서 돌이켜 하나님과 연합된 신앙의 현실로 들어와야 한다. 하나님 밖에서 인생의 의미나 인생의 위로는 없다. 하나님을 신앙한다는 것, 하나님의 말씀 안에 산다는 것은 한 마디로 예수 그리스도를 믿는다는 것이다. 인생과 이 세상의 모든 문제엔 예수 믿는 것 외에 궁극적 해답이 없다.

그런데 왜 사람이 예수 그리스도를 믿지 않는가? 사람이 예수 그리스도를 믿지 않는 이유는 무엇인가? 바빠서? 믿어지지 않아서? 아직 여건이 안 되서? 사람들은 이런 저런 불신의 이유를 들겠지만, 인간 심리의 저변에 도사린 불신앙의 이유는 단 하나 죄 때문이다. 하나님과 세상 사이에서, 하나님과 자기 사이에서, 하나님과 다른 것들 사이에서 하나님 아닌 것들을 선택하는 죄 때문이다. 예수, 하나님, 하나님의 은혜, 믿음, 사랑, 경배, 순종보다는 자기, 인간, 세상, 행복, 자기 영광을 선택하는 것이다. 이것이 원초적 인간이 하나님을 반역했던 그 죄였고, 이처럼 유대인들은 영적으로 개인적으로 정치적으로 하나님을 버렸다.

그 결과는 어땠는가? 끝없는 우상숭배 유혈 혁명 부도덕 전쟁 등… 당시 중동의 패권국인 앗수르는 퇴조하기 시작했다. B.C 627년 앗수르의 마지막 왕 앗수르바니팔이 죽자 앗수르는 내란에 시달리는데, 이때 갈대아의 왕자 나보폴라살이 약해진 앗수르를 밀어내고 독립을 취한다. 이때가 B.C 626년, 이것이 신흥 바벨론의 등장이다.

그리고 B.C 612년 바벨론과 메데 연합군은 앗수르의 수도 니느웨를 함락시킨다. 또한 B.C. 605년 유프라테스 강 상류 지역인 갈그미스에서 바벨론은 앗수르와 이집트의 동맹군을 대파하고 명실공히 세계적 강국으로 부상한다. 이 전쟁을 계기로 앗수르는 역사의 무대에서 사라지고 이집트는 약소국으로 전락한다. 이 여세를 몰아 바벨론이 이집트 국경까지 밀고 들어갔으나 별 소득이 없을 때 이런 시기를 틈타서 유다의 여호야김 왕은 바벨론을 배반했다. 어리석게도 그는 예레미야의 권고를 듣지 않고 정세 판단에 어두워 친 이집트파의 말을 수용하여 이집트가 자신을 도우리라고 믿었던 것이다. 유다의 배반소식에 진노한 바벨론의 느부갓네살 군대가 공격해 들어와 여호야김을 체포해 바벨론으로 끌고 갔다가 다시 유대로 돌아온 그는 살해됐다. 이때부터 삼차에 걸쳐(B.C. 605년, B.C. 597년, B.C 586년) 바벨론이 침공할 때마다 많은 유대인들이 바벨론 포로로 끌려가게 된다.

마침내 B.C 586년 유다가 멸망하니 이때의 참상은 예레미야 애가 속에 자세히 묘사되어 있다. 수많은 남녀노소가 살육되어 예루살렘은 피바다를 이루고, 예루살렘 성전은 파괴되고, 포로들은 바벨론 군인들에게 짐승처럼 끌려갔다. 그리고 바벨론에 끌려간 포로들은 바벨론이 멸망하는 B.C 536 년까지 70 년간을 포로로 살게 되니 이를 바벨론 포수라고 한다.

시간이 흘러 기세등등하던 바벨론도 B.C. 536년 페르시아와 메데 연합군에 의해 종말을 고한다. 이때 상황은 구약 성경 다니엘서 5장에 나타나 있다. 바벨론을 정복한 페르시아의 현명한 왕 고레스(키루스)는 이스라엘 백성에게 귀환 칙령을 내리고(B.C 535년), 이스라엘은 포로로 끌려갈 때처럼 또다시 삼차에 걸쳐 귀국한다. 꿈에도 그리던 고국이니 그들의 감격이 어떠했으랴? 하나님의 섭리로 오랜 어둠의 터널 끝에서 마침내 해방의 빛을 보았을 때 그들의 감격은 하늘을 찔렀을 것이다. 그 귀환의 환희로운 심정을 노래한 것이 시편 126편이다.

이 시편 126편은 모두 여섯 절로 구성되어 있는데 그 5절엔 이렇게 기록되어 있다. "눈물을 흘리며 씨를 뿌리는 자는 기쁨으로 거두리로다." 이 문장은 눈물을 흘리며 씨를 뿌리는 자세로 사는 자는 기쁨의 결과를 거둔다는 인생 진리에 대한 압축이다. 대관절 어떤 농부가 울면서 씨를 뿌리겠는가. 눈물을 흘리면서 씨를 뿌리는 청승을 떠는 농부를 보았는가? 다만 이 구절은 농부들이 가을에 거둬들일 황금빛 수확물을 꿈꾸면서, 한 해 비와 바람과 해충과 악조건과 싸울 각오를 하면서 진지한 마음으로 파종하는 것 같은 인생의 태도를 언급하는 것이다. 포로생활을 하는 동안 그들은 진정한 자기의 영광, 자기의 행복, 자기의 의무가 무엇인지를 배웠어야 했다.

신약성경 누가복음 15장에 나오는 탕자의 비유엔 이에 대한 절실한 가르침이 그려져 있다. 탕자는 왜 아버지를 떠났던가? 자기의 영광과 자기만족, 그리고 자기실현을 위해서다. 다시 말하면 아버지 옆에서는 평생 아버지 종노릇만 할 뿐 자기의 영광이나 자기의 행복이나 자기의 실현은 불가능하리라고, 한 마디로 자기 자체는 없는 것이라고 판단했기 때문이다. 그는 아버지와 함께 있다는 사실의 그 엄중한 의미를 모르고 또 무시한 것이다. 하나님을 불신하는 모든 사람들의 사고방식이 그러하다. 그래서 아버지의 재산을 요구했고 그것을 가지고 아버지를 떠났다.

그런데 결과적으로 말하면 아버지를 떠난 아들이 할 수 있는 것은 영광과 행복과 자기실현이 아니라 돼지치기였다. 하나님을 떠난 인간은 무엇을 하든지 하나님과 있어야 할 존재에서 돼지와 함께 있는 존재가 될 수밖에 없는 것이다. 수많은 사람들이 자기 인생의 성취와 하나님을 무관하게 생각하는 이것이 인류의 병이요 탕자의 병이다. 이 사실에 눈을 뜨지 못하는 한 수많은 계획, 수많은 노력, 수많은 사연에도 불구하고 그가 도달하는 지점은 돼지우리에서 기갈과 공포로 초췌해진 눈동자로 절망한 자아가 될 것이다. 이것이 복음의 가르침이다. 진정한 영광, 진정한 행복, 진정한 자기 실현은 우리의 아버지 곧 하나님과 함께 있는 것, 예수 그리스도 안에 거하는 것이다.

예수 그리스도가 생명이요 영광이요 행복이요 자유다. 이것이 복음의 결론이자 인생의 결론이다. 탕자의 의무란 무엇이었던가? 아버지에 대한 인간적 예의를 헤아리고 도덕을 준수하고 율법 규정을 지키는 것이란 말인가? 죽기보다 싫지만 입에 풀칠을 하기 위하여, 아니면 아버지의 재산 분할을 바라보고 이를 악물고 아버지를 섬기는 척을 하는 것일까? 그것이 모든 인간의 의무라면, 의무란 축복이 아니라 저주스런 것이다. 그런데 복음적 의무는 의무감에서 오지 않고 신앙과 감사의 결과로 온다. 즉 예수 그리스도의 십자가 보혈의 은총이 영광의 면류관이라는 것을 알고 마음을 다하고 뜻을 다하고 성품을 다하여 하나님 아버지와 예수 그리스도를 사랑하고 감사하고 경배하고 섬기는 것, 오직 그것뿐이다.

The purpose of our being sent to this land

2부

영적
목적

우리는 영생으로 가기 위해
＿＿＿＿＿이 세계로 들어왔다

　비 내리는 어떤 날 한 여자가 우산을 펴들고 버스 정거장에 서 있다. 멀리서 보니 정거장과 여자와 우산이 운치 있는 그림을 이룬다. 버스가 다가오자 여자는 우산을 접어들고 버스에 올랐다. 평범하고 특별할 것 없는 이 사건의 의미가 심장하게 다가온다.

　다음 순간, 등에 잔뜩 짐을 짊어진 다른 한 남자가 다가오더니 정거장에 내려놓는데 그 짐은 텐트였다. 텐트를 친 후에는 아예 가재도구까지 가져와 텐트 안으로 들여놓는 게 아닌가. 텐트 설치를 끝내고는 어디론가 가더니 물을 길어 와서 쌀을 씻는 모습이 정거장에서 기다리는 사람들의 눈을 휘둥그러지게 만들었다. "아니 저기서 숙식을 하려고…?" 황당한 장면이었다. 정거장에 텐트를 치면 안 된다는 법적 문제를 떠나서 정거장과 텐트는 어울리지 않는 조합이기도 하거니와 또 거기서 일상생활을 한다는 것은 불가능한 일이기 때문이다. 황당하지 않은가? 맞다. 황당하다.

위 사례에서 인생에 대한 인간의 두 가지 태도를 보자. 1장의 소녀는 어느 날 자기도 알지 못하는 사이에 이 세상에 태어났고 또 자기를 통해 한 아이가 태어났다. 출생, 부모, 국적, 시대, 성별, 개성 등은 자기 선택이 아니다. 어떤 부모에게서 어떤 나라 어떤 시대에 어떤 성별로 태어날지 소녀는 모르며 그것은 순전히 하나님의 소관이다. 이처럼 모든 인류는 과거 현재 미래에 그리고 동서남북에 걸쳐 지구상에 태어난다. 부강한 나라, 열악한 나라, 세계적 도시, 이름도 알 수 없는 미지의 도시, 문명 지역, 비문명 지역 등. 또 충분한 복지 혜택, 서글플 정도의 빈곤한 현실. 그들은 각자 영역의 각자의 조건 속에서 각자의 사연을 안고 각자의 방식으로 한평생을 영위한다.

그리고 그들에게 주어진 기간이 지나면 이 세상을 떠나 어디론가 갈 것이다. 그들이 머물렀던 이 세상은 정거장이요 그들은 이 정거장을 거쳐 목적지로 가는 것이다. 이런 맥락에서 보면 이 지구상엔 두 가지 인생이 있다. 이 세상이라는 곳을 최종 목적지로 가기 위해 거쳐 지나가는 정거장으로서 보는 견해와, 이 세상 자체를 목적지로 보는 견해. 우산을 들고 정거장에서 기다리다가 버스가 오자 버스에 올라 가버리는 여자는 첫 번째 인생관의 사람이다. 정거장에 텐트와 가재도구를 가져와 거기서 숙식을 하는 황당한 행동을 했던 남자는 두 번째 인생관의 사람이다. 이 두 가지 인생관은 두 사람의 생활방식에 거대한 차이를 낳을 것이다. 우리는 최종 목적지에 대한 아무런 믿음도 준비도 비전도 없이 이 세상만을 목적지로 알고 살아가는 수많은 인생들을 볼 수 있다. 그들에게 이 세상은 최종 목적지이기에 그들의 목적은 이 세상에 있다. 그러기에 그들은 한번 밖에 없는 인생의 기회를 극대화시키며 이 세상의 상품을 최대한 긁어모은다.

현실주의자로 자처하는 그들은 신앙인들을 비현실주의자로 치부하고, 천국 운운하는 사람들을 망상에 빠진 사람들로 분류시킨다. 그러나 그들의 믿음은 잘못되었다. 이 세상에는 비가 내리고 눈이 내린다. 그리고 바람이 분다. 그 누구도 이 눈과 비바람을 피할 수 없다. 마침내 그들의 텐트는 찢어지고 허물어질 것이며 그들이 의지하던 것들은 박탈되고 말 것이다. 자신의 존재 기반으로 삼던 것들이 허무하게 무너지고 자기가 중요시하던 것들이 무가치한 것들로 드러나는 것은 그리 오래 걸리지 않는다. 그러나 최종 목적지가 있는 사람들에게 텐트나 가재도구는 별 것 아니다. 그들도 버스 정거장에 서있는 동안은 성실하다. 그러나 그들은 버스 정거장에 희망을 두지 않고 그들은 이 세상에 별 기대를 하지 않는다.

그들의 시선은 버스 정거장이 아니라 최종 목적지인 저 아름답고 찬란한 하나님의 나라에 고정되어 있는 것이다. 그래서 지금 이 세상에 내리는 비도 눈도 먼지도 크게 개의치 않는 것이다. 소녀는 이 세상을 살아가는 동안 영생이 존재한다는 것과 두 가지 인생 방식이 존재한다는 엄중한 사실을 배워야 한다. 영생, 이것이 이 소녀가 지상에 보내진 영적인 목적의 첫 단추인 것이다.

병원에 문병을 갈 때마다 느끼는 소회가 있다. 입원하여 치료를 받고 있는 사람들을 찾아 입원실에 들어가 인사를 나눈 후 간단하게 대화를 나누다 보면 그 사람의 정신적 현주소가 여실히 드러난다는 것이다. 병이란 걸린 당사자에게는 고통스럽거나 불편한 현실이다. 그렇지만 가벼운 것이건 중한 것이건 병은 그 사람의 의식을 환기시켜 주는 역할을 하기도 한다.

"왜 나는 이렇게 아프게 됐을까?", "지나간 내 인생은 어떤 것이었나?", "앞으로 나는 어떻게 살아가야 할까?" 등등에 대한 진지한 반성을 할 수 있는 기회일 수도 있다는 말이다. 그런 면에서 병은 진실의 세계로 들어가는 출입구이기도 하다. 그런데 문병을 해서 대화를 나누다 보면 그런 사람도 없는 것은 아니지만 많은 경우가 그렇지 못하다. 병석에서도 인간적 반성의 흔적이 없는 것이다. 어디가 많이 불편하다는 것, 뭐가 입맛에 맞지 않다느니, 무슨 일을 빨리 해야 하는데, 심지어 회복 불가능한 상태에 있으면서도 빨리 극복해서 어떻게 하겠다느니 하는 말들. 병문안을 온 식구나 친지들도 크게 다르지 않다. 위로성 발언도 있겠지만 실제 관심이 그것 밖에 없어서인 경우도 많다. 빨리 회복해서 뭘 어떻게 해야 한다는 등, 마음을 다부지게 먹어야 한다는 등, 뭘 잘 먹어야 한다는 등, 하면서 나누는 대화에 성찰의 주제는 없는 것이다.

환자가 원치 않는데 억지로 그런 주제를 꺼낼 수도 없고, 반대로 환자는 그런 의식이 있지만 문병자가 그렇지 못할 때 환자 쪽에서 그런 주제를 꺼내기도 편치는 않을 것이다. 그러나 환자나 문병자나 양측 모두 건강 회복에만 관심이 기울어져 있는 경우 허망한 심정이 되곤 하는 것이다.

인간답다는 것은 무엇일까? 반성적 인간상이다. 우리가 최우선으로 반성할 것은 무엇일까? 존재 의미다. 이 존재 의미는 자기 존재의 기원부터 시작되는데, 그러자면 자연히 하나님과 자신의 관계에 도달하게 된다. 우리는 태어날 때 관계 속으로 태어난 것이며, 태어나서 살아가는 것은 모두 그 관계 실현을 위한 목적 때문이다. 자기가 무엇이며, 왜 존재하는 것이며, 존재의 목적은 무엇이며, 어디서 와서 어디로 가는 것인가? 하는 것은 모두 이 관계에 속한 문제다. 만일 어떤 사람이 자기가 관계 속에 놓여있다는 사실을 모르고, 그래서 그 관계 실현이라는 삶의 의미를 모른다면 그는 어른스럽지 못한 정신 상태인 것이다.

건강을 회복해서 강건하게 살아야 하겠지만 단순히 지금 아픈 것만을 모면하려고 하는 것은 병의 순기능이 아니다. 병이란 이렇게 한 인간이 남의 동네에서 살려고 하거나 제동장치 없이 돌진하는 것을 잠깐 정지시켜 성찰케 하는 것이다. 인간 안에는 빵이고 옷이고 돈이고 땅이고 집이고 빌딩이고 세상 그 무엇으로도 해결될 수 없는 문제가 내재한다. 지상 생활 하나하나를 무시할 수만은 없지만 그것은 사실 그것보다 더 중요하고 궁극적인 어떤 것을 가리키고 있는 것이다.

지상의 것보다 천상의 것, 육체적인 것보다 영적인 것, 순간의 것보다 영원한 것 말이다. 이 모든 것이 집약된 한 마디를 "영생"이라고 한다. 영생을 정의하자면 그것은 그리스도 안에서 받은 하나님의 생명이요. 이 생명을 가지고 그리스도 안에서 사는 삶이다. 지상의 생애는 궁극적으로 이 영생을 지향하고 지상의 삶은 영생을 준비하는 과정인 것이다. 이것이 이 땅에서의 우리 인생의 과녁이다. 영생이 종교적 넋두리로 들리는가? 영생이 없다면 왜 순간적 인간에게 영생에 대한 갈망이 있는 것이며, 영생이 있다면 왜 인간은 영생에 대한 그 갈망을 해결할 수 없는 것일까?

영생의 길은 무엇인가? 영생은 하나님께서 약속하신 것이지만, 단지 사람이라는 이유로 또는 인간의 어떤 도덕적 행위나 업적으로 도달할 수 있는 게 아니다. 교회를 가기 위해 주일에 있던 시험을 치르지 않았다는 학생을 어떤 학교 교사가 책망하면서, "예수만 믿어서 구원받는 게 아냐! 많이 배워야 구원을 받는 거야!"라고 소리 질렀다는 이야기를 들으면서 실소를 금치 못한 적이 있었다. 태어나서 그런 말은 처음 들어봤기 때문이다. 어떻게 그런 발상이 가능할까?

많이 배운 사람이 영생을 얻는다면 고학력자들은 자기의 미래 운명에 대해서 더 이상 불안할 필요가 없을 것이다. 하지만 어쩌겠는가, 그런 일은 없다. 저학력자에게나 고학력자에게나 인간의 문제는 깊고 동일하다. 저학력자든 고학력자든 사람은 모두 영적인 병을 안고 인간 문제를 앓고 있는 존재인 것이다. 또 사람은 예술을 함으로써 영생을 얻는 것이 아니며 부자가 됨으로써 영생에 이르는 것도 아니다. 재물이 영생을 보장하는 것이었다면 저 부자 청년이 주님 앞에 나와서 어떻게 영생을 얻는 것이냐고 고뇌에 찬 질문을 던지는 일은 없었을 것이다(마 19:16). 유념하자. 영생은 예수 그리스도 안에 있다(롬 6:23). 예수 그리스도가 영생이요 예수 그리스도 안에서 우리는 영생을 누린다. 예수 그리스도 안에서 인간은 이 세상 어떤 가치하고도 비교할 수 없이 숭고하고 위대하고 아름답고 영원한 것을 소유한다.

그리고 이 영생이 실제적으로 완전히 성취되는 것은 하늘에서다. 정말 당신이 영생에 관심이 있다면 재물, 재산, 명예, 권력, 행복, 비즈니스 등 당신이 숭배하는 이 세상 모든 가치를 이 한 분을 위하여 다 벗어던지고 그 분 앞에 굴복시켜야 한다. 예수 그리스도를 온전히 신뢰하는 신앙, 하나님을 사랑하는 마음은 비교할 수 없이 자유롭고 행복한 마음이다. 예수 그리스도와 하나님을 진실로 믿고 사랑하는 자는 재물, 재산, 명예, 권력, 행복, 비즈니스 따위를 하나님보다 중요시하는 일은 결코 하지 않는다. 그분은 그런 모든 것들과 비교할 수 없이 중요하신 분이요 그런 모든 것들과 비교할 수 없이 중요한 것을 주시기 때문이다. 다시 말하거니와 예수 그리스도와 하나님이 영생이요 이를 위해 우리는 이 세상으로 들어온 것이다.

지상의 것보다 천상의 것, 육체적인 것보다 영적인 것,
순간의 것보다 영원한 것 말이다.
이 모든 것이 집약된 한 마디를 "영생"이라고 한다.
영생을 정의하자면 그것은 그리스도 안에서 받은 하나님의 생명이요.
이 생명을 가지고 그리스도 안에서 사는 삶이다.

영생의_____본질

개인에게나 국가에게나 최고의 사상이 없다면 존속할 수 없다. 그 최고의 사상이란 자기 불멸의 신앙이다. 자기가 불멸한다는 신앙 위에서만 인간은 지상 생활의 합리적인 목적을 포착하는 것이다.

도스토예프스키(작가의 일기)

영생이 있기나 한 것일까? 있다면 어떻게 우리가 영생에 도달할 수 있을까? 전설처럼 불로초를 먹거나 과학 기술의 처방으로 인간의 삶을 늘려놓을 수도 없거니와, 그렇게 한다 한들 죄와 병과 불행과 증오와 전쟁과 재난으로 가득 찬 세상에 허덕이는 삶을 무한정 늘려놓은 것은 영생이 아니라 재앙이다. 예컨대 허리가 부러지거나 중병을 앓고 있거나 늙어서 쭈그러진 육체를 안고 불안해하면서 오래 사는 것을 축복이라고 할 수는 없는 것이다. 영생은 하늘 방식이요 하늘 본질이다.

영생은 인간 안에서도 아니요 세상 안에서도 아니라 하나님 안에서 얻는 생명이다. 곧 하나님 안에서 얻는 하나님의 생명을 말하는 것이다. 이 방식과 본질이 전제되지 않은 상태에서 무한정 이어지는 시간은 영생이 아니다. 그런 의미에서 하나님께서 타락한 인간을 에덴동산에서 추방하신 것은 심판일 뿐 아니라 자비였다. 그렇지 않았더라면 중병을 앓는 사람이 무한정 살아가는 것처럼, 죄인인 인간은 생명나무 열매를 따먹고 무한정 하나님을 피해 돌아다니며 죄를 지었을 것이다. 이 장에서는 (1) 영생의 본질, (2) 영생에 들어가는 방법을 서술하고자 한다.

영생의 본질

"그 안에 생명이 있었으니 이 생명은 사람들의 빛이라"(요 1:4).

"아들이 있는 자에게는 생명이 있고 하나님의 아들이 없는 자에게는 생명이 없느니라"(요일 5:12).

"죄의 삯은 사망이요 하나님의 은사는 그리스도 예수 우리 주 안에 있는 영생이니라"(롬 6:23).

성경이 다루는 중심 주제는 구원과 영생이다. 이 구원과 영생은 예수 그리스도 안에 있고, 이 구원과 영생에 이르는 길을 말해주는 것이 복음이다. 구원이란 파멸된 인간의 구출 개념이고 영생이란 그렇게 이루어진 구원의 내용 개념이다. 이 구원 이 영생은 예수 그리스도 안에서 하나님께서 믿는 자에게 거저 주시는 은혜의 선물이라는 것이 복음의 진리다. 성경에서 생명과 영생은 혼용되는 어휘로서 하나님 안에 있는 하나님의 생명은 본질상 무한하고 영원한 것이기에 영생이라고 표시된다. 생명이란 하나님의 다른 이름이요, 모든 존재의 근간이 되는 실체다.

하나님은 무엇에 의해 창조된 자도 아니요 무엇을 의지해야만 그 존재를 유지하는 자도 아니다. 하나님의 생명은 영원하고 완전하고 무한하다. 이런 하나님을 일컬어 자존자라고 하고, 이에 대한 하나님 자신의 선언이 "나는 스스로 있는 자(출 3:14)"라는 것이었다. 이 스스로 존재하시는 분, 자기가 자기의 생명이신 분, 영원하고 완전하고 무한하신 분, 이 분이 하나님이시다.

이 하나님은 성부, 성자, 성령 삼위로서 존재하시지만 동일한 생명, 동일한 신성, 동일한 본질, 동일한 지위이시다. 아버지, 아들, 성령이라는 관계 서열만이 있을 뿐이다. 아버지는 뜻하셨고(원인), 아들은 실행하셨고(성취), 성령은 적용하셨다(완성). 하나님의 아들이신 성자 주 예수 그리스도는 하나님이시기에 그분 안에 영원한 생명이 있고(요 1:4, 요일1, 요일 5:12, 롬 6:23), 십자가에 죽으심과 부활로 말미암아 구원을 성취하셨다. 그분을 믿고 구원받기 전 모든 인간이 누리는 생명은 자기 스스로 가지게 된 자존적인 게 아니라 창조자로부터 주어진 것이다.

인간은 자존적이고 영원한 생명이신 하나님이 창조하신 피조물이요, 그 하나님을 끝없이 의존함으로써만 존재가 유지되는 의존자인 것이다. 그런데 그 생명은 육신에 한정된 물리적인 생명이요 물리적인 생명은 죽을 수밖에 없다. 그것은 하나님을 닮은 영적인 생명이 아니기 때문이다.

이 세상에 태어난 인간은 얼마나 살든 어떻게 살든 반드시 죽는다. 그러나 성경이 우리에게 약속하신 것은 이런 물리적인 생명이 아니라 하나님의 생명 곧 영생인 것이다.

예수 그리스도를 믿고 그분과 연합된 사람은 예수 그리스도 안에서 영원한 생명을 받아서 하나님의 자녀가 되고, 이 세상의 물리적인 생애가 끝나면 하나님 앞으로 가서 영원한 생명을 누리게 된다는 것. 이것은 인간이 태어날 때 부모로부터 물려받은 물리적 생명이 아니라 예수 그리스도 안에 있는 하나님의 생명으로서 이 생명이야 말로 성경이 약속한 하나님의 영원한 생명인 것이다. 예수 그리스도를 믿고 구원받은 사람은 예수 그리스도 안에서 이 영원한 생명에 참여하게 되는 것이다.

영생을 얻는 방법

이 유한한 인간이 영생을 얻는 방법은 단 하나다. 어떻게? 믿음으로 예수 그리스도와 연합하는 것.

"하나님이 세상을 이처럼 사랑하사 독생자를 주셨으니 이는 그를 믿는 자마다 멸망하지 않고 영생을 얻게 하려 하심이라"(요 3:16)"

"아들을 믿는 자에게는 영생이 있고"(요 3:36).

"진실로 진실로 너희에게 이르노니 믿는 자는 영생을 가졌나니"(요 6:47).

"나는 부활이요 생명이니 나를 믿는 자는 죽어도 살겠고"(요 11:25).

주님께서 니고데모와의 대화에서 언급하신 주제가 바로 이 생명으로 들어가는 방법에 관한 것이었다.

"진실로 진실로 네게 이르노니 사람이 물과 성령으로 나지 아니하면 하나님의 나라에 들어갈 수 없느니라"(요 3:5).

인간은 자기 자신에 의해 변화될 수 없다. 그것은 무가 유를 창조할 수 없는 것과 같고, 철이 자기 힘으로 자기를 금으로 변화시킬 수 없는 것과 같은 이치다. 속된 방법이든, 과학적 기술이든 인간이 무슨 짓을 한들 죽고 썩어버릴 인간의 본질이 변할 수 있겠는가. 인간이 변할 수 없다는 것은 인간의 생명이 변할 수 없다는 뜻이다. 인간에겐 하나님으로부터 주어지는 구원의 방법이 필요하고 변화의 방법이 필요하다. 인간이 하나님의 은혜로 예수 그리스도께 와서 회개하고 믿음으로 돌이켰을 때, 그 인간에게 실질적으로 작용하는 힘은 하나님의 은혜와 하나님의 말씀과 성령이시다.

요한복음 15장으로 시야를 돌리면 거기에 한 신비가 등장한다. 한 포도나무. 하나님과 동등하신 분으로서 멸망할 인류를 구원하기 위해 육신을 입으시고 이 세상에 오신 제2위 하나님이신 하나님의 아들 그리스도이시다. 그는 포도나무이고, 하나님 아버지는 농부이시고, 그를 믿는 자들은 그와 연합된 포도나무의 가지다. 한 인간이 농부이신 하나님의 은혜로 예수 그리스도 앞에 와서 회개하고 예수 그리스도를 자신의 하나님과 주님과 구세주로서 영접하면, 그 순간 그의 모든 죄가 사해지고 그는 예수 그리스도와 연합하게 된다.

그리스도와 연합되는 순간 그는 그리스도 안에서 그리스도의 생명에 참여하고, 이때 하나님의 생명을 받은 그는 하나님의 자녀가 되는 것이다. 예수 그리스도가 곧 하나님이시요 영생이시기 때문이다(요일 5:20). 그리고 이때 그는 비로소 하나님의 나라에 들어와 있는 것이다. 이것을 신학적인 용어로 거듭남 또는 중생이라고 한다. 이때 그가 그리스도와 연합하여 변화되도록 움직이는 힘이 하나님의 말씀과 성령이시다. 이것이 니고데모에게 언급하신 물과 성령으로 거듭남이다. 그렇게 그가 얻은 그리스도의 생명이 바로 영원한 생명이다. 그 순간부터 그는 생명의 본체이신 예수 그리스도 안에 거하고 예수 그리스도는 그 안에 거하신다. 이것은 마치 포도나무 원줄기에 가지가 생겨나서 포도나무는 그 가지에게 자신의 수액을 공급하고 가지는 포도나무 수액을 받아 그 줄기에서 계속 살아있는 형상과 같은 것이다.

한 가지 개념을 짚고 넘어가자. 인간이 예수 그리스도를 믿고 자신의 주님으로 영접한 사람에게 주시는 영생이란 게 곧 하나님 자체를 주시는 것이라는 의미와 동일한 것인가? 그렇다. 하나님이 곧 생명이시기 때문이다. 하지만 그랬을 경우, 즉 "예수 그리스도를 믿고 그와 연합된 자는 하나님을 얻는다."는 그 어문이 좀 어색한 모양새가 된다. 그것을 좀 더 유기적이고 신학적인 어문으로 환언하여, "예수 그리스도를 믿는 자는 예수 그리스도 안에서 하나님의 생명을 얻는다."고 하는 것이다.

진실로 구원된 신자는 예수 그리스도 안에서 하나님의 생명을 소유하여 영원히 하나님과 교제하면서 하나님을 누리게 되는 것이다. 이 우주 안엔 그 이상의 가치도 행복도 없다. 하나님께서는 사람들과 말장난을 하고 계신 게 아니다. 실제로 신자는 그리스도 안에서 하나님의 생명에 참여하여 영원히 하나님을 누리는 것이다. 간단하게 표현하여 영생을 얻는 것은 믿음으로 그리스도 안에서 '영원한 존재'와 '영원한 삶'을 얻는 것이다. 이것이 영생의 본질이요 영생을 얻는 방식이다. 하나님은 창세전부터 그리스도 안에서 이것을 계획하셨다(엡 1:3-6).

"거한다"는 말을 이해하고 끝내자. 그리스도 안에 있다는 말은 그리스도 안에서의 존재와 존재함을, 그리스도 안에 거한다(abide)는 말은 그리스도 안에서 존재 지속을 의미한다. 이것이 영생이다. 구원된 신자는 그리스도 안에 항상 존재하면서 그리스도의 생명에 참여하고, 그리스도는 신자 안에 항상 존재하시면서 그 사람의 생명이 되신다. 이렇게 영생을 얻은 자는 그리스도 안에서 영원히 그분과의 생명적 관계 속에 있다. 포도나무 줄기의 진액이 줄기 안에 거하는 가지로 퍼져 가지에서 포도 열매를 맺듯이, 그리스도 안에 거하는 자들은 그들의 인격과 삶을 통해 그리스도의 그 생명을 표현하게 된다.

그것은 신앙. 지혜. 사랑. 선. 경건. 순종. 충성. 능력. 겸손. 평화. 기쁨 등이다. 이것이 신앙의 열매인 것이다. 우리는 역사적으로 많은 사람들이 그리스도 같은 인격을 가지고 그리스도 같은 삶을 살았다는 것을 알고 있다. 그러나 그들은 그리스도가 아니며, 그리스도 안에 거하는 그들을 통해 나타난 그리스도 자신 또는 하나님 자신이다. 이렇게 그리스도 안에 거하는 자들이 그리스도의 생명을 받아 그리스도의 속성을 나타낼 때 하나님은 영광을 받으신다.

그러나 한편 이 세상엔 포도나무와 연합하지 않는 가지들도 많다. 그들은 하나님에 의해 창조되었으면서도 하나님께 속함을 거부하는 사람들로서, 하나님보다는 하나님 아닌 것들을 고집하고 그리스도 안에 거하기보다는 자기 안에 거하기를 고집한다. 그들은 하나님께 감사할 줄 모르고 하나님을 사랑하지도 않고 하나님과 교제하지도 않으며 열매를 맺지도 않는다. 그들은 하나님 신앙인이 아니라 우상숭배자다. 복음은 이런 사람들의 파멸을 선언한다. "사람이 내 안에 거하지 아니하면 가지처럼 밖에 버려져 마르나니 사람들이 그것을 모아다가 불에 던져 사르느니라 (요 15:6)." 하나님을 배제하며 산 사람들은 결국 하나님으로부터 배제된 지옥에 파멸될 것이다. 포도나무의 비유는 믿음으로 영생을 얻은 자와 불신으로 물리적 생애를 살다가 파멸할 자들의 운명에 대한 위대한 진리이다.

준엄한＿＿＿＿＿시험장

'쇼생크 탈출'이란 영화를 아실 것이다. 스티븐 킹 원작 소설을 영화화한 것으로 팀 로빈슨이 주연을 맡았던 것. 각가지 죄목의 죄수들이 엄격한 통제 아래 수용된 수용소에서, 앤디라는 젊은 은행 간부가 아내 살해범이라는 억울한 누명을 쓰고 약 20년 간 복역하다가 통쾌하게 탈출한다는 내용이다. 쇼생크라는 장소는 작가가 설정한 가상의 장소다. 영화 중간에 의미 있는 장면이 나온다.

어느 날 수용소 운동장에 모여 있는 죄수들에게 이례적인 사건이 발생하는데, 그것은 소장의 신임을 받던 앤디가 소장의 허락도 없이 사무실에서 독단적으로 모차르트의 '피가로의 결혼'이라는 음악을 방송한 것이다. 음악을 들은 죄수들은 맥을 놓고 꿈꾸듯 그 음악에 몰입된다. 꿈과 희망을 잃어버린 사람들이었다. 그들은 음악, 예술, 아름다움 같은 감성 따위와는 이미 오래 전에 결별한 사람들이다. 그랬던 그들에게 잠시나마 천상에서 들려오는 것 같은 음악이 그 살벌한 세계의 벽을 뚫고 쳐들어 왔던 것이다. 잠시나마 그 음악은 그들의 억눌린 자아를 수용소 벽을 넘어 피안의 세계로 이동시켜주었다.

여기서 수용소, 죄수, 음악을 인생에 대한 은유로 사용해보겠다. 수용소는 이 세상, 죄수는 지상에 사는 인간. 음악은 이 세상의 열악한 현실 속으로 뚫고 들어오는 영적인 빛. 사람은 여기서 태어나 자라고 식사하고 일하고 사업하고 돈을 벌고 사랑하고 대화하고 노래하고 연구하고 창작하고 휴식한다. 마음 생각 희망 행동은 모두 이 세계에 갇혀있다. 여기서 모든 사람은 자기에게 부과된 과제를 풀고 부딪치는 문제들과 싸우면서 쏘다니다가 때가 되면 하나씩 죽어갈 것이다.

그렇게 천년이 가고 이천년이 지나가도 이 세상은 이런 패턴을 벗어날 수 없다. 그래서 해 아래에 새로운 것이 없다는 말이다. 그런데 그 죄수들 가운데 이색적인 한 무리가 있는데 똑같은 죄수 처지라도 그들에겐 남들이 듣지 못하는 음악이 있다. 다른 사람들에겐 들리는 것도 보이는 것도 없는 이 세계에서 그들은 특별한 음악을 듣고 특별한 빛을 보는 것이다. 다른 사람들에게 이 세상은 그냥 먹고 마시고 즐기면서 한 평생을 때우다가 때가 차면 가버리는 특별할 게 없는 공간이다. 그러나 이 이색적인 무리에게 이 세계는 다른 의미의 것이다.

다른 세계란 무엇인가? 이것을 설명하기 위해 나는 버스정거장과 목적지의 비유를 든 바 있다. 그럼 음악은 무엇일까? 수용소에는 정치범 공무원 기술자 은행가 교육자 학자 예술가 장인 일반인 등 여러 신분의 사람들이 있을 것이다. 이 모든 사람은 죄수다. 어떤 신분 어떤 재능 어떤 행동도 그들을 그들이 처한 현재 처지로부터 구원할 수 없다.

그런데 이 암울한 물리적 세계의 담을 넘어서 들려오는 음악이 있으니 그것이 복음이다. 복음이란 예수 그리스도 안에 나타난 하나님의 사랑으로서, 이 사랑은 그것을 받을 자격과 가치가 없는 죄인에게 대가 없이 베푸시는 사랑이다. 이것을 은혜라고 한다. 우리는 이 새로울 것 없는 세상 너머의 본질을 지니고 있는 복음을 들어야 하며, 이 복음만이 이 세계의 담장 너머로 우리의 시야를 확장시켜 주고 최종적으로 우리 자체를 이동시켜 줄 수 있다. 복음 외에 죄인이 구원될 수 있는 방법은 없으며, 이 복음에 대한 인간의 당연한 태도가 믿음이다.

그런데 사람들이 왜 예수 그리스도를 믿지 않고 예수 그리스도가 전달되는 복음이라는 음악을 듣지 못하는 것인가. 아예 복음을 들어보지 못한 사람들 외에 사람이 예수 그리스도를 믿지 않는 이유는 단적으로 말해서 자기의 죄 때문이다. 죄는 자기 신격화요 이 자기 숭배가 눈을 가려 하나님 신앙을 거부하는 것이다. 죄는 지성을 가려 하나님을 알지 못하게 하고, 의지를 가려 하나님 아닌 자기로 기울어지게 하고, 감정을 가려 하나님 안에서 기쁨을 느끼지 못하게 한다.

그리고 하나님이란 자기 삶을 방해하는 귀찮은 존재, 나아가 인간의 영역에서 제거시켜야 할 불쾌한 존재 정도로 간주하게 한다. 무슨 방해? 어이없게도 사람은 하나님으로 말미암아 자기 주권, 자기 자유, 자기 행복이 구속받는다는 거짓말에 세뇌된다. 왜냐하면 하나님을 선택한다는 것이야말로 자기가 참된 영광에 도달하게 된다는 사실이지만, 그 방식이 하나님이 주가 되고 자기가 종이 되는 것이기 때문이다. 하나님이 목적이 되고 자기가 수단이 되는 것을 뜻하기 때문이다. 하나님이 중심이 되고 자기가 변두리가 되는 것을 뜻하기 때문이다.

그렇게 하기는 싫기 때문에, 반대로 자기가 주가 되고 목적이 되고 중심이 되고 싶은 부패한 욕망 때문이다. 한 마디로 말하면 하나님을 배제한 상태에서 자기가 신이 되어 자기 인생에 대한 주권을 행사하고 싶다는 절도 심리가 그로 하여금 하나님 신앙을 거부하게 만드는 것이다. 이것은 너무도 명확한 것, 너무도 당연한 것에 대한 너무도 부패한 반응이다. 무신론, 유물론, 진화론, 상대주의, 인본주의, 포스트모더니즘 등 이 모든 불경 철학의 정체는 이런 것이다. 이런 심리 구조가 그들로 하여금 복음이라는 음악을 듣지 못하게 만드는 것이다.

이 세상은 시험장이요 인생은 시험이다. 모든 인간은 이 시험을 치르고 시험 결과에 따라 자신의 운명을 배정받기 위해 이 세계라는 시험장으로 입장한 수험생이다. 나 또한 한 사람의 인간으로 이 시험장으로 들어왔다. 여기 들어온 이상 누구도 우물쭈물하거나 시험을 기피한 채 시험장 안을 빈둥거리다가 퇴장할 수는 없다. 그렇지만 누구도 수험생에게 지정된 답변을 요구하는 자는 없다. 아무도 강요하지 않고 아무도 압박하지 않으며 아무도 위협하지 않는다. 시험관은 없다. 다만 삶이라는 책상 앞에 앉아있는 그에게 한 가지 질문지가 놓여있을 뿐이다. "하나님을 믿음이냐 하나님을 거부함이냐" "하나님은 선하신 분이냐 그렇지 않은 분이냐" 시험장 입구로 들어오는 날 나는 울었다. 그리고 시험장을 둘러보던 중 나는 내가 들어온 이 세계에 잠재한 어둠과 슬픔과 고통을 알았다. 그러나 그것만이 아니었다. 이 세상이 고통과 부조리와 모순만이 가득한 저주스런 장소라는, 그래서 하나님을 믿을 수 없다는 말들은 진실이 아니었다. 물론 불신앙적인 심리로 눈을 감아버리면 그것밖에 보이지 않지만 자세히 보면 그 어둠과 슬픔과 고통을 뚫고 저 밖으로부터 참되고 엄숙한 빛이 들어오고 있었다.

게다가 나는 이 시험장에 존재하는 놀라운 세 가지를 보았다. 하나는 누구도 읽어볼 수 있는 책 한 권으로서 곧 성경이다. 또 하나는 성경을 가르치는 교회요, 그리고 마지막 하나는 예수 그리스도다. 수 천 번을 생각해도 그리스도라는 분은 이 세상과 맞지 않는다. 이 세계의 인본주의적이고 이기적이고 음울하고 사납고 시끄러운 분위기와 그분의 본성은 일치하지 않는다. 그런데 나를 놀라게 하는 것은 이 세상이 그렇게 인본주의적이고 이기적이고 음울하고 사납고 시끄러울수록 그분의 신성과 그분의 인성은 찬란하게 빛난다. 어떻게 인본주의적이고 이기적 욕심과 더러운 권력욕과 잔인함과 음탕함으로 도배가 된 이 세상 역사와 그분의 존재가 어울릴 수 있겠는가? 그런데 그런 분이 이 시험장을 들어오셔서 이해할 수 없는 사랑으로 이 세상을 위한 희생을 짊어지시고 부활하셨다는 사실은 이 세상을 변색시킨다.

믿을 것이냐 말 것이냐를 결정해야 하는 그 시험지의 질문에 답은 이미 결정되어 있었다. 예수 그리스도와 성경은 부정할 수 없는 정답이었다. 그것을 부정할 수 있지 않았느냐고? 당신에게는 그것이 가능한가? 예수 그리스도에 대한 신앙을 선택하지 않은 다른 사람들을 나는 뭐라고 규정하지는 않겠다. 하지만 그 문제를 내게 국한시킨다면 나는 이렇게 생각한다. 내가 인간의 정상적인 성정을 가진 사람이라면 예수 그리스도와 성경을 부정하는 일은 불가능한 일이라고. 아, 그렇다. 이쯤해서 그것이 은혜였기 때문이라고, 하나님의 은혜가 내 안에 작용했기 때문에 나는 그렇게 끌렸고 그렇게 믿을 수밖에 없었다고 규정해도 된다. 그것이 옳은 말이니까. 나는 수험생의 입장에서 그 사건을 풀어본 것이다. 인간이 인생이 어떤 것인지, 그리고 하나님이 누구신지, 진리라는 게 있는 것인지를 알기 위해서는 반드시 예수 그리스도를 보아야 한다.

예수 그리스도를 누락시킨 상태에서 하나님과 인생에 대한 이해는 불가능하다. 하나님의 아들 주 예수 그리스도는 정말 세상과는 다른 분이시다. 이 세상의 모든 언어를 총동원시켜 그분의 가치를 무색하게 해보라. 안 될 것이다. 그분의 형상엔 바로 하나님의 신성과 생명의 정체와 진리의 본질이 불꽃처럼 타오르고 있는 것이다. 태양을 볼 줄 아는 눈이라면 이 사실도 보아야 한다.

다시 한 번 강조하거니와 예수 그리스도를 보면서 불신을 택한다는 것은 내게는 불가능한 일이었다. 심장을 관통한 예리한 창처럼, 그분의 형상과 십자가와 그의 피와 성령은 내 영혼을 관통하여 그와 나를 결합하는 밧줄이 되었다. 나는 더 이상 망설임 없이 연필 든 내 손을 잡아 신앙에 ○표를 표시하였다. 이 표시는 "나는 믿습니다." "나는 압니다." "나는 경외합니다."라는 뜻이었다. 이것으로 마침내 나는 그 시험장의 문을 밀치고 시험장을 뚫고 영원으로 들어갔다. 그것은 하나님의 은혜였다. 그 후로 지금까지 내가 살아오는 동안 내가 기재한 답안을 한 번도 후회해 본 적이 없을 뿐 아니라 오히려 그 답변은 더욱 강력해진다. 이 세상에서 우리가 이보다 더한 무엇을 기대할 수 있단 말인가?

위로 향한_____통로

수요예배를 마치고 아내와 딸과 함께 호젓한 길을 따라서 귀가할 때 "어머 예쁘다!"하는 딸의 음성에 따라 위를 보니 밤하늘 높이 걸린, 요즘 별명으로 손톱달이라고 하는 초승달과 그 바로 아래에 빨간 네온사인 십자가였다. 노란 초승달과 빨간 십자가의 조화다. 딸은 사진을 찍고 나는 마음으로 사진을 찍어두었다. 그때 이런 생각이 들었다. 도시인들 중에서 지금 십자가까지는 몰라도 저 밤하늘을 보는 사람이 몇 명이나 될까? 전기가 차가운 필라멘트를 통해 밝은 불로 나타나듯이, 이 물리적 세계를 통해 영적 또는 정신적 실재가 번뜩일 때가 있는데 그 순간을 포착하는 것이 중요하다.

치열하다. 복잡하다. 부산스럽다. 현대인의 삶이 말이다. 그런데 그렇게 치열하게, 그렇게 복잡하게, 그렇게 부산스럽게 움직이다가 가끔씩 맑은 정신이 돌아와 자기가 도대체 왜 그렇게 치열하게, 왜 그렇게 복잡하게, 왜 그렇게 부산스럽게 살아가는지를 반성하면 허망해질 사람도 있을 것이다. 도대체 책 한권 읽지 않고, 기도 한 시간 하지 않고, 자기 인생에 대한 반성 한 시간도 없이, 아침이면 일어나 대단한 투사처럼 타인의 슬픔과 고뇌 따위는 아랑곳하지 않는다는 태도로 돌진하는 그 맹목적 행동은 우리가 이 세상에 보내진 목적에 적합한 것이 아니다.

사람은 각자 자신에게 주어진 숙제를 풀기 위해 매진하는 존재들이고 지구는 이런 사람들의 눈물과 땀으로 젖어있다. 반면에 지구는 인간의 죄악과 어리석음으로 젖어있다는 것 또한 사실이다. 이 세상은 인간의 열심 열정 분투로 가득하다. 그런데 통로가 없는 열정이다. 농부처럼 땅을 일구면서 나름대로 행복의 조각들을 모아 주워 담는데 그들의 세계엔 위로 열린 통로가 없는 것이다. 이는 마치 며칠 후 자기 아버지 다윗의 군대와의 전쟁에서 패해서 도주하다가 살해될 압살롬의 열정과 같고, 월터루 전쟁에서 패해 세인트헬레나로 유배를 가야 할 나폴레옹의 열정과도 같다.

그런 이들의 특징은 궁극적인 것과 순간적인 것에 대한 분별이 없고, 하늘과 땅에 대한 교훈을 비웃는다는 것이다. 그들에게 땅은 있어도 별과 초승달과 십자가가 없다. 성경이 없다. 예배가 없다. 기도가 없다. 나는 내 자신이 주일이면 삼위일체 하나님을 경배하고, 또 수요일 밤 예배를 드리고 걸어오는 이 밤길이 행복하다. 이 세상을 탐내는 사람들에게 이런 말은 따분한 비현실주의자의 자기 위로처럼 들릴지 모르겠지만 나는 진실로 조용히 하나님을 예배하고 하나님의 말씀을 사랑하는 이 생활이 사랑스럽다. 이 세상에는 진정한 영광의 저 위 세계를 엿볼 수 있는 비밀

통로가 있는 것이다. 나 같은 죄인에게도 주님은 읽어보라고 조용한 길 저 위쪽에 사랑이라는 메시지를 걸어놓으신 것이다. 초승달은 우리를 향한 자연은총이요, 십자가는 특별은총이다. 우리는 이처럼 하나님의 자연은총과 특별은총의 종합 아래에 살고 있지 않은가.

코로나 19는 인류에게 일종의 시험이었다. 말하자면 그때 인류는 된서리나 폭풍 속 나무의 신세였던 것이다. 정치 경제 문화 사회적 상황이 나라마다 다르지만 공히 세계적으로 인간 생활에 타격이 덮친 것이다. 병원들이 모자라고 시체들이 즐비하고 국가 시스템이 마비되고 개개인의 삶이 파리 목숨처럼 위태로울 정도로 인류는 경험한 적이 없는 시련을 겪은 것이다. 마스크를 쓰지 않은 사람은 이단자가 되고 옆에서 재채기를 하는 사람은 증오의 눈빛의 대상이 되었다.

교회는 어떠했던가? 정부는 예배 중단을 요구하고 공적인 모임 자제를 명령하고 예배 모임을 유지하는지를 수색하듯 요원들을 파송하곤 했다. 이에 대해 교회와 목회자들의 의견도 엇갈렸다. 회중 예배를 중단해야 된다는 의견과 지속해야 한다는 의견. 순응하는 교회는 회중 예배 중단을 선언하고 온라인 예배로 돌아서서 예배당은 싸늘한 공간이 되어버리고, 회중예배를 지속하는 교회마저 숫자 비율로 참석 가능했다. 내가 듣기로는 예배 시간에 통성기도나 찬송도 금지한 교회가 있었다고 하며 회중예배를 거부하고 온라인 예배를 고집하던 수많은 교인들이 변절했다고 한다.

내가 섬기는 교회는 신도 수가 대단하지 않은 것도 도움이 됐지만 내 소신도 그러해서 오전예배, 오후예배, 수요예배, 금요기도회 등 한 번도 거른 적이 없었던 것을 하나님께 감사드린다. 많은 신자들과 많은 목회자들도 그러했겠지만 나는 그 당시 위기의식을 가지고 있었다. 인간의 죄악과 인간의 악의가 인류를 이런 상황에 이르게 했지만 분명한 것은 이 모든 상황을 하나님께서 주관하고 계신다는 것이었다. 이게 인류에게 향한 한 가지 시험이라면 여기서 모든 인간의 진면목이 드러날 터였다.

나에게 이 상황은 저 아래 물이 흐르는 강 위에서 부러진 다리처럼, 또 그 동안 사람들이 주목하지 않던 하늘로 향한 통로가 닫혀버린 것처럼 다가왔다. 인간은 저 다리를 건너가야 한다. 영혼은 저 하늘의 통로를 지나가야 한다. 그러나 다리는 끊어졌고 문은 닫혔다. 내가 언급한 위기의식이란 이것이다. 이것이 하나의 시험이라면, 그런데 이 상황을 뚫고 나갈 힘이 없다면 사람들은 저 끊어진 다리 아래 강물로 추락할 것이며, 닫혀버린 하늘 문 아래서 추풍낙엽처럼 떨어지고 말 것이다. 밤과 낮을 통해 기도했다. 식구나 교우나 교회들이나 나라나 나 자신을 위해 하나님과 대면하는 것 외에는 내게는 길이 없다고 판단했다.

기도생활이란 그런 것이다. 주님과의 대면. 주님과의 대면이 없었다면 나는 이제껏 온전한 의미의 삶을 유지할 수 없었을 것이며, 또 주님과의 대면이 없었다면 코로나 19 또는 그보다 더한 상황을 돌파할 수 없을 것이다. 주님과의 대면을 통해 나는 그 부러진 다리를 건너뛰었고, 주님과의 대면을 통해 나는 하늘 문을 열고 들어갔다.

아무리 조악해도 사람 사는 집에는 창문이라는 게 있다. 창문이란 안에서 밖을 내다볼 뿐 아니라 밖에서 안을 들여다 볼 수도 있는 통로다. 사람 거리 마당 나무 하늘 구름 비 눈 해 달 별 등 집안에서 집 밖의 환경을 볼 수 있는 것은 창문을 통해서이다. 창문이 없다면 그것은 집이 아니라 박스요 주택이 아니라 콘테이너다.

외부로부터 들어오는 빛이 없다. 마당에 피어나는 꽃이 보이지 않으며, 종알거리는 참새 소리가 들리지 않으며, 푸른 하늘에 흘러가는 구름이 보이지 않으며, 밤에 뜨는 달과 별이 보이지 않는다. 창문 없는 집에 살고 싶은 사람은 없을 것이며 그런 집을 사고 싶지도 않을 것이다. 인생도 그렇다. 창문이 있어야 한다. 통로가 있어야 한다. 여기서 저기로, 세상에서 세상 너머로, 현재에서 미래로, 인생에서 영생으로 이어지는 통로 말이다. 하나님은 지상 여정을 밟아가는 우리에게 몇 개의 통로를 주셨다.

첫째, 성경이다

성경을 통하여 우리는 이 세상에서 들을 수 없는 음성을 듣고, 이 세상이 보여주지 못하는 실재를 볼 수 있다. 인간의 이성을 숭배하는 합리주의 신학자나 이신론자가 이 창문을 때려 부수려고 온갖 불의한 짓을 저질러도 구원된 신자의 마음에 주어진 이 창문은 견고할 뿐이다. 그들은 이 세상에서 캄캄한 벽만을 보고 참 신앙인은 성경을 통해 무한하신 하나님과 실재를 본다. 성경은 우리로 하여금 이 세상의 물질문명이 아니라, 우리의 기원과 우리의 현 상태와 우리의 목적과 우리의 고향과 또 우리를 창조하신 하나님께 주목하게 만든다. 성경은 복음이 무엇인지를 보여준다. 천문학자에게 망원경이 필수이듯이 여행자에겐 성경이 필수다.

둘째, 기도다

기도는 이 닫힌 세계에서 열린 세계로 통하는 문이요 하나님을 만나는 면회소가 된다. 우리는 기도를 통하여 이 물질세계 너머로 하나님과 영적인 교제를 할 수 있다. 기도를 통해 하나님의 생명과 성령과 사랑과 빛과 위로와 힘과 지혜를 받는다.

기도하는 인간은 숭고하고 인간다운 모습이다. 노역의 모습, 학문에 몰두하는 모습, 사교에 열중하는 모습, 스포츠 하는 모습은 인간의 본질적인 모습이 아니다. 그런 것들이 비록 하나님의 청지기라는 인간 정체성의 일부를 나타내 준다 하더라도 인간 본연에 가장 적합한 것은 기도하는 형상이다. 벼이삭이 아름다운 것은, 억새나 강아지풀이 강한 호소력을 보이는 것은 고개를 숙이고 있기 때문이다. 우주의 의미는 과학에 의해서 풀어지는 게 아니라 기도에 의해서 다가온다. 포사이즈의 말처럼 우주의 언어는 기도이기 때문이다.

셋째, 예배다

인간 안에 있는 하나님의 형상이란 하나님과 공감하고 교류하고 예배할 수 있는 본질을 말한다. 곧 인간은 하나님과 교류할 수 있는 영혼을 가진 존재로서, 이로써 인간은 하나님을 알고 믿고 사랑하고 교제하고 기뻐하고 감사하고 예배할 수 있는 것이다. 예배는 기도의 연장선에 있는 영광의 문이며 예배를 통해 인간은 비로소 우주의 영광이 된다.

창조주이시며 구속자이신 하나님 아버지, 창조주이시며 구속자이신 주 예수 그리스도를 사랑과 감사로 예배하는 행위는 우주 안에서 가장 영광스런 존재의 기능이다. 예배를 통해 창밖으로부터 영광의 빛이 비쳐

온다. 예배에는 하나님의 임재가 있다. 예배에는 하나님의 형상이 나타난다. 예배에는 이 세상이 줄 수 없는 힘과 권능이 주어진다. 예배에는 불안 두려움 걱정 악한 생각 욕심 정욕 음울함 등 이 죄스런 세상에서 얻었던 모든 종류의 곰팡이를 살균하는 힘이 작용한다.

그대 지상의 여행자여! 우리가 여행하는 동안 우리는 위로 향한 통로를 통하여 존재의 의미와 동기와 신비를 그침 없이 공급받을 수 있는 것이다.

창문이 있어야 한다. 통로가 있어야 한다. 여기서 저기로,
세상에서 세상 너머로, 현재에서 미래로,
인생에서 영생으로 이어지는 통로 말이다.

당신_____나

　빈 벤치는 서글프다. 길을 가다가 오랫동안 누군가 앉았다가 이젠 내버려진 의자들을 볼 때, 거기 먼지가 쌓이고 비까지 내리면 서글픈 기분이 든다. 어느 집 벽에 걸려있던 벽시계에서 배터리가 빠지고 시침 분침이 멈춰버린 채 쓰레기통 옆에 서있는 모습도 우리를 슬프게 한다. 어느 집 간장 또는 고추장을 담았던 빈 항아리가 길에 내버려졌을 때 그것은 평생 사용되다가 이젠 폐물이 된 인간 육체의 상징처럼 다가온다.
　사람의 몸 또한 질그릇 아닌가? 오래 전 네 살 된 어린 딸이 신던 빨간 겨울 부츠를 버려야 할 때 그 귀여운 모습이 못내 안타까워 몇 번이나 뒤돌아보았던 것은, 그것이 어린 딸의 발처럼 느껴졌기 때문이다. 사랑하던 사람이 죽은 후 그가 쓰던 빈 책상과 의자 등 그의 유품들을 정리할 때의 기분은 인생의 실제를 말해준다. 주인 없이 해안가에 떠있는 빈 폐선이나 개가 죽어 비어버린 개집은 허수아비 같은 느낌이다. 종알거리던 새가 죽어 땅에 묻어준 후 바라본 빈 새장엔 슬픔이 앉아있고, 길을 걷다가 눈길이 머문 나무 위에 얹혀있는 빈 까치집엔 서글픔이 머물고 있다. 동전이나 지폐를 채웠다가 다 빼버리고 난 저금통 돼지의 웃음이 석별의 웃음처럼 느껴지는 것은 나만의 느낌일까? 병을 앓고 난 사랑하는 사람들이 창백한 얼굴로 피식 웃을 때 욕심도 활기도 없는 그 웃음은 청순하지만 비애감을 느끼게 한다. 주님을 예배하고 캐럴을 부르며 감동에 젖은 성탄절 하루가 가고 저녁 창가가 어둑해질 무렵, 마음엔 깨끗하지만 허전한 슬픔 같은 게 내려온다.

여기 서로 사랑하는 부부가 있다. 평생 서로는 성실하게 사랑했고, 이 사랑 안에서 서로는 행복했다. 그러던 중 한 사람이 먼저 죽었다. 과거 그들이 행복했었다면 그들의 집이 좋아서, 집안 구조가 훌륭해서, 집안의 조명이나 시설이 탁월해서, 그들의 음식이 양질의 것이어서가 아니었다. 그런 게 그들이 공유하는 행복의 부수적 조건이 될 수는 있겠지만 행복의 본질은 아니었다. 가버린 사람 뒤에 남아 있는 자의 슬픔이란 어떤 것인가? 사랑하던 상대가 이제는 자기 곁에 없다는 것, 사랑하던 상대가 떠나버린 삶과 공간을 이제는 홀로 감당해야 한다는 것 아닐까?

사랑하던 당신이, 이제는 가버린 당신이 된 것이다. 그의 정신, 그의 생각, 그의 눈빛, 그의 얼굴과 미소, 그의 음성, 그의 몸, 그의 손길이 나에게 배어 있는데 그는 없다. 이것이다. 그들이 공유하던 행복의 본질은 다름 아닌 '당신-나'였는데, 이제 그 관계는 끊어져 '-나'로 되어버렸다는 이것이 뒤에 남은 한 사람이 겪어야 하는 고통의 본질이란 말이다. 당신과 같이 있었는데, 당신과 인생을 동행했었는데, 당신과 삶을 나누었었는데,

그랬던 당신이 없는 세상을 이제는 나 혼자 감수해야 한다는 사실이 삶의 전선을 끊어버리고 마는 것이다. 결국 모든 인생은 이렇게 될 것이겠지만 알면서도 당면한 국면이 신랄한 것은 그들은 그 관계 속에서 영생의 의미를 찾았기 때문이다.

그리스도 안에 있는 나, 내 안에 있는 그리스도

우리가 그리스도 안에서 영원한 생명을 얻는 것은 하나님의 자녀가 되어 영원히 하나님 사랑 안에 머물며 하나님께 영광을 돌리기 위함이었다. 그것은 그리스도는 우리의 영원한 주님, 하나님은 우리의 영원한 아버지, 성령님은 우리의 영원한 스승과 보호자, 우리 서로는 영원한 형제자매로서 영원히 하나님의 생명을 누리며 하나님을 경배하는 삶이다. 구원이란 하나님과 분리되어 하나님 밖에서 죽어있던 자가 예수 그리스도 앞에 와서 자기 죄를 회개하고 예수 그리스도를 믿고 그와 연합함으로 영원히 하나님 안으로 들어가는 것이다. 그래서 하나님 안에서 영원히 하나님의 생명을 누리는 것이다.

이때 그 사람은 그리스도와 연합 관계가 되는데 이를 도식으로 표현하면 '그리스도-나'이다. 한 편에 한 사람이 앉아있고 맞은편에 다른 한 사람이 앉아있는 시소를 연상해보자. 한 편은 하나님이요 다른 한 편은 인간이다. 우리는 종종 하나님이 존재하신다는 말을 하곤 한다. "하나님이 계시다!", 이 말은 위대하지만, 이 말은 성경의 목적이 아니다. 성경적 신학적인 맥락에서 보면 "하나님이 계시다!"는 명제는 하나님 맞은편에 다른 대상을 요구하는 명제다. 복음적 맥락에서 말하면 하나님이 앉아계신 맞은편이 비어있다면 완전하신 하나님이 불행하신 것은 아니지만 또한 하나님의 뜻도 아니다. 그런 의미에서 복음적 또는 신학적 도식을 만들어보면 '하나님-자녀들' 또는 '그리스도-지체(신부)들'이 된다. 하나님은 영원 전에 자기 아들을 사랑하셔서 자기 아들의 신부가 됨과 동시에 자기 자녀들이 될 자들을 계획하시고, 삼위일체 하나님과 그들이 함께 살게 될 하나님의 나라를 궁극적 목표로 우주를 창조하셨다. 즉 현재 물리적 우주는 창조의 목표가 아니라 영원한 하나님의 나라 창조를 위한 중간 과정이다.

즉 하나님 나라 완성을 위해 그 중간 과정으로 이 물질계 우주를 창조하셨다는 말이다. 이 목적에 내포된 존재가 사람이다. 이런 복음적 전망에 따라 우리는 "하나님이 계시다!"라는 말에서 "그 맞은편에 인간이 있다!"는 그림을 그릴 수 있는 것이다. 물론 이 말은 하나님이 존재하시기 위해서 인간이 필요하다거나 하나님의 행복을 위한 조건이 인간이라는 뜻은 아니다. 그런 말은 신성모독이 된다. 다만 성부 성자 성령의 삼위일체 하나님은 관계를 지향하신다. 하나님은 이 관계 확장을 의도하신 것이고 그 대상이 인간이었다는 말이다. "하나님이 계시다, 그리고 그 상대편에 인간이 있다.", 이것이 '하나님-나'라는 관계의 형상이요 천국의 형상이다.

그런데 인간의 죄가 '하나님-나'라는 신인관계를 '-나'라는 관계로 추락시켰다. 하나님 없이 시소의 한쪽에 사람만 걸터앉아있는 '-나'의 형상이야말로 창조의 목적에서 벗어난 인간의 비극이다. 생명의 관계가 절단되어 하나님이 계셔야 할 그 자리가 비고, 대신 거기엔 죄와 마귀와 세상이 앉게 되었다. 이것이 인간에게 구원이 필요한 이유다. 이 문제를 해결하기 위해서 하나님의 독생자 예수 그리스도께서 성육신하신 것이다.

하나님의 은혜로 우리가 예수 그리스도를 믿을 때 예수 그리스도 안에서 우리는 용납되어 우리의 처지는 '나'에서 '하나님-나'로, 나아가 '하나님-나-이웃'의 형상으로 변화 발전되는 것이다. 이것이 하나님 나라의 형상이요 이로써 인간 창조의 목적은 온전히 성취되는 것이다.

반면에 지옥의 형상은 어떤 것인가? 하나님 밖은 '나'라는 빈 자아의 형상이요, 이 하나님 없음의 상태가 완전히 실현된 처지가 지옥이다. 현실적이든 영적이든 지옥 상태는 '나' 또는 '마귀-나'이다. 왜냐하면 '나'는 필연적으로 '마귀-나'를 초래하기 때문이다. '나'는 지옥의 본질이요 '마귀-나-무의미'는 지옥의 성취다. 우리가 지상에서 지옥의 실상을 이해하기 힘든 것은, 아프리카 지역에 태어난 사람들이 겨울 눈을 이해하기 힘든 것과 같은 이치다.

사람들은 "아, 지옥 같다!" "나는 지옥의 고통을 체험했어!" "그곳은 생지옥이었어!" "언제나 이 지옥을 벗어날까?" 같은 말들을 쓰곤 하는데 이것은 자기가 처한 괴로운 처지를 과장한 말들이다. 고통으로 말미암아 그들 마음에 지옥의 관념이 떠올랐을 것이다. 그러나 그들이 미처 깨닫지 못하고 있는 것은, 그들이 묘사하는 그런 처지에서도 그들은 하나님의 혜택을 받고 있었다는 사실이다. 악랄한 현실에서도 그들 머리 위엔 푸른 하늘이 있다. 아무리 가난해도 사랑하는 가족이 있고, 모여 사는 처소가 있고, 자유가 있고, 신의와 희망과 애정과 우애와 자유가 있다.

신자들에겐 성경이 있고, 교회와 예배와 기도와 찬송과 교우들이 있다. 다시 말하면 아무리 험악한 처지에서도 이 세상에는 하나님에게서 나오는 이런 선물들이 있기에 완전한 지옥이 될 수 없다는 말이다. 완전한 지옥이란 그런 게 아니다. 완전한 지옥엔 하나님의 표시 같은 것들은 없다. 완전한 '-자아' 뿐이기 때문이다. 그곳은 하나님과 더불어 믿음 희망 사랑 선 도덕 정의 자유 평화 행복 기쁨 안식 우애 만족 추억 미래 빛 자연 아름다움이 제거된 곳이다. 예배와 기도가 없다. 건설과 계획이 없다. 웃음이 없다. 있는 것이라곤 하나님 부재의 음험한 공간과 혼돈과 무의미와 무한한 고독과 영원한 절망과 끝없는 두려움과, 불신으로 일관했던 자기 행태에 대한 끝없는 회한과 영원한 형벌과 고통과 울부짖는 영혼들과 이 영혼들을 괴롭히는 악마들뿐이다.

이것이 지옥의 실체다. 한 마디로 거기엔 하나님의 임재가 없고, 하나님과의 관계가 없고, 하나님 없는 자기 존재를 언제까지나 감수해야만 한다. 지옥은 하나님의 얼굴로부터 영원히 끊어진 파멸의 현장이다. 그런데 이것이 생전에 그들이 선택한 생활 방식의 결과다. 대부분의 사람들은 하나님과 단절되는 것이 얼마나 무서운 일인지, 하나님 없이 살아가는 방식이 얼마나 어리석은 일인지를 모른다. 천국도 지옥도 출발점은 모두 지상으로서, 이 지상에서 누구와 어떤 관계 속에 있었느냐에 따라 그의 최종 운명이 결정되는 것이다.

"… 나이를 한 살 한 살 먹으면서 느끼는 게 더 많은 것 같아요. 엄마 아빠와 제가 만날 수 있는 것이 큰 축복이며 하나님의 은총이라는 것을. 언젠간 엄마 아빠와 저도 헤어지는 운명이지만 그 운명이 다가오기 전까지는 엄마 아빠한테 더 좋은 걸 더 많은 걸 해드리고 싶어요. 예전 언젠가 부모님과 내가 이 땅에서 영원히 함께 할 수는 없다는 사실에 펑펑 울었던 기억이 납니다. 그만큼 아빠와 엄마한테 느끼는 마음은 아주 뭉클

하고 뭐라 딱 꼬집어 말할 수 없는 그런 느낌입니다. 아빠 사랑해요! 엄마 사랑해요!…"

내 첫째 딸이 대학생이었던 어느 해 어버이날 선물과 함께 적어 보낸 이 편지 내용. 첫째 딸의 이름은 '이 송은(하나님의 은혜를 찬송하다)', 둘째 딸의 이름은 '이 송주(주님을 찬송하다)'이다. 이름은 내가 지어준 것으로서, 거기엔 하나님에 대한 내 신앙이 요약되어 있다. 내 부모와 나, 내 아내와 나, 내 자식과 나, 내 교우들과 나, 내 친구와 나. 비신앙의 의식에서 보면 지상의 인연이란 게 대수롭지 않을지 모르지만, 신앙의 눈으로 보면 지상의 인연이란 예사롭지 않은 의미를 가지고 있는 것이다. 나는 이런 관계들 속에서 인생이라는 것을 배웠다.

인생의 어느 시점에서 나와 무관했던 상대가 다가와 부부를 이루고, 그래서 나와 무관했던 한 아이가 생겨나 부모자식의 관계를 이룬다는 것이 예사롭단 말인가? "빔"이라는 슬픔의 정체는 무엇일까? 주인이 있어야 할 집에 주인이 없다는 것, 주인의 보살핌을 받아야 할 개가 주인을 잃어버렸다는 것, 부모와 같이 있어야 할 아이가 부모를 잃고 홀로 버려져 있다는 것, 사랑하던 배우자와 사별했다는 것, 이 모든 것은 중요한 연대 상실이요 이 연대 상실이 비참의 본질이다.

마지막 구두점을 찍자. 그러나 만일 어떤 하나의 관계가 없다면, 그 어떤 하나가 이 모든 관계의 바탕이 되지 않는다면 지상의 '나-너'의 관계도 감상적 의미로 끝나버리고 말 것이다. 그 하나의 관계가 '그리스도-나' 또는 '하나님-나'이다. 결론적으로 말해서 인류의 온갖 불행은, 인류가 하나님과의 관계를 잃어버렸다는 그 사실이 근본 바탕이 되어있는 것이다.

주인은 하나님이시니까. 우리는 왜 여기 왔는가? 하나님을 알고 그분 안에 영원히 포함되기 위해서다. 그것이 영생인 것이다.

인연_____

　유대 갈릴리바다에서 뼈가 굵어온 한 어부가 밤새 고기 한 마리 잡지 못하고 풀이 죽어있던 어느 날 아침, 자기 배에 올라탄 낯선 사람과 조우하게 된다. 그분이 해변에 모인 무리들에게 말씀을 전하신 후 그 어부에게 깊은 곳으로 가서 그물을 내려 고기를 잡으라고 하셨다. 때는 밤이 아니라 아침이라서, 깊은 곳은 물고기들이 모이는 곳이 아니라서, 자기는 전문가요 그 낯선 분은 비전문가라서, 작업을 끝내고 그물을 씻는 중이라서 어부는 낯선 분의 제안이 황당할 수도 있었다. 하지만 그는 순종했고 결과는 놀랄만한 것이었다.
　그러나 그 어부가 놀란 이유는 어획량보다는 그 이상한 분의 신적 권위에 있었다. 신적 권위를 지니신 그분 앞에서 그는 자신의 죄인 됨을 발견하고 무릎을 꿇었다, 그리고 말했다, "주여 저를 떠나소서. 저는 죄인입니다."라고. 그때부터 그 어부는 과거의 모든 것과 이별하고 자기 인생과 운명을 그분께 맡기며 따르는 제자가 되었다. 그는 가난한 자, 병든 자, 약한 자, 못 배운 자, 창녀와 세금징수원 등 소외 계층의 사람들을 향한 스승의 심오한 사랑을 보았다.

그는 스승이 물로 포도주를 만들고, 나환자들을 고치고, 맹인들을 치유하며, 죽은 자들을 살리고, 울부짖는 바람과 바다의 세력을 잠재우는 능력을 보았다. 마침내 그는 스승이 인류 구원을 위한 자신의 죽음을 예언하다가 그 예언의 방식대로 십자가에 못 박혀 죽으시는 모습을 보았다. 그리고 스승의 예언대로 삼일 후 일반 상식을 뒤집고 사망의 권세를 깨뜨리고 부활하신 스승을 보았다. 스승의 승천을 보고 승천 열흘 후에 내려오신 성령으로 충만함을 받은 후 그는 평생 복음을 전파하라는 스승의 명령을 수행하는 사도의 길을 간다.

다른 예를 들어보자. 가톨릭 중학교 교장 아버지 아래 부유한 가정에서 자란 얌전한 학생, 체스와 피아노 연주 그리고 우표수집 등이 취미였던 학생, 그러나 말 수가 적고 소심한 성격의 젊은이, 청년 실업자로 5년을 보내는 동안 반유대주의에 관한 몇 권의 책을 읽고 게르만 민족의 우월성을 신봉하게 된 청년, 후에 입당한 나치의 관료들이 부정 축재할 때 그 자신은 일체의 뇌물을 거부하며 청렴하게 생활했던 사람, 치밀한 일솜씨로 나치의 주목을 받았던 사람. 그랬던 그에게 소위 '종교적 체험'이라고까지 할 수 있는 인생의 전환점이 도래했으니 바로 히틀러와의 만남이었다.

이때부터 그는 히틀러를 신으로 숭배했고, 그에게 신은 오직 히틀러였다. 그의 삶은 철저히 히틀러라는 축을 중심으로 돌아가며 히틀러의 어록이나 자서전을 연구하며 집필했다. 또 자신의 종교인 가톨릭을 비난하며 교황의 공개 처형을 주장할 만큼 나치즘에 매료되었다. 히틀러에 대한 절대적 충성심, 유능한 일 처리, 개인적 탐욕이 없는 성격, 이런 히틀러 형 인물이었기에 그는 당연히 히틀러의 주목을 받아 SS로 약칭되는 친위대와 게슈타포 총수 등 권력 서열 제2위의 자리에 오른다. 그러나 그는 권력광이었을 뿐이다. 피를 보기만 해도 구토를 하던 그가 죽음의 수용소를 건설하고 유대민족을 깔끔하게 처리하기 위한 방법으로 가스를 택하여 150만 유대인 대학살의 주인공이 된다.

소련군이 베를린으로 쳐들어오던 전쟁 말기, 그는 독자적으로 히틀러의 후계자로 자처하면서 히틀러를 배신하고, 독자적으로 연합군과 평화조약을 체결하려고 했으나 실패했다. 분노한 히틀러가 그의 모든 관직을 박탈하고 그를 체포하라는 명령을 내리자 히틀러를 피해 도주하던 중 영국 첩보국에 체포되어 독약으로 자살한 그. 그가 바로 하인리히 히믈러다. 그가 자살하여 죽기 전에 남긴 마지막 말은 '나는 하인리히 히믈러다!' 였다. 히틀러와 히믈러의 인연, 그것은 뱀과 전갈의 만남이었다. 히틀러와 히믈러의 만남은 그들 자신에게도 독일국민에게도 유대인들에게도 모두 비극이었다. 이것도 인연이다. 그러나 그들의 인연은 지옥으로 들어가는 길목에서의 동지 됨이었다.

'빙점'의 작가 미우라 아야꼬가 '사랑하며 믿으며'라는 그녀의 저서에서 그녀의 부부 생활을 소개한 적이 있다. 거기서 그녀는 자신을 악처의 본보기로 꼽았다. 그 근거로는 첫째, 자기가 깔끔하지 못하다는 것. 둘째, 제멋대로라는 것. 셋째, 목소리가 높다는 것. 넷째, 건망증이 심하다는 것.

다섯째, 예의범절이 나쁘다는 것. 여섯째, 가사가 서투르다는 것 등이다. 후덕한 자기 남편에 비견되지 못한다고 판단되는 자신에 대한 겸손한 자기 평이었을 것이다.

사실 그녀가 소개한 조목들 속에는 남자라면 기피하고 싶은 요소가 없지는 않다. 그런데 그녀의 이런 진술이 그녀를 비하시키는 것이 아니라 그녀의 남편이 고양됨과 동시에 그녀마저 긍정적인 결과를 얻게 된다. 폐결핵으로 13년간이나 요양생활을 했고, 결혼식을 열흘 앞두고도 열이 38도를 오르내리는 37세의 노처녀였던 자기를 기다려 아내로 맞이한 두 살 연하의 남편 미우라 미쓰요. 뿐만 아니라 악처의 본보기로 제시할 정도로 결점 많은 자신을 성실하게 사랑해주는 남편의 탁월한 인격에 대한 존경심을 토로하는 것이었다. 한두 가지 마음에 안 드는 이유 때문에 "당신 같은 사람은…"하면서 부당한 질타를 퍼붓는 남편들에게 충언해주고 싶었을 것이다. 자기처럼 무자격한 아내도 사랑하고 존중해주는 미우라 미쓰요 같은 남편도 있으니, 자기보다 훌륭한 아내를 데리고 사는 남성들이야 얼마나 더 그 아내를 사랑할 이유가 있겠는가 하는 취지로. 그들의 인연은 하나님의 은혜 안에 있었다.

이번 장의 논지는 이것이다. 우리는 영적인 목적을 위해 이 세상에 보내졌다. 영적인 목적이란 간단하게 말해서 하나님 안에 있는 영생이다. 즉 우리는 그리스도 안에 있는 영생이라는 궁극 목적을 위하여 지상에서 인생을 부여받은 것이다. 영생을 얻는 자는 영생 안의 관계와 영생 안의 인연을 위해 마음을 기울여야 한다. 영생 안의 관계는 지난 장에서 다루었으니 이 장에서는 영생 안의 인연의 중요성을 언급하는 것이다. 이 세상에는 아무런 의도나 의지 없이 자연적으로 맺어진 인연이 대부분이다. 태어날 때부터 부모 형제 관계로 맺어진 인연이 있는가 하면, 혈연은 아니더라도 환경이나 처지나 우연적 이유로 맺어진 인연도 있다. 그런가 하면 한 순간의 욕심과 상호 이익을 위하여 인위적으로 맺은 인연도 있다. 모두 성냥불 같은 분량의 인생에서 반딧불이 만큼의 의미를 지니다가 재와 같이 시들어버릴 운명의 것들이다.

그렇다. 우리는 관계 없이 존재할 수 없고 인연 없이 독처할 수 없다. 삶의 분량이 성냥불처럼 미미한 분량의 것이라면 거기에서 진지한 의미의 인연은 인생의 무상을 상대적으로 상쇄하는 것일 것이다. 안 그렇겠는가? 인생이 무상한데 의미 있는 인연마저 없는 그런 인생이야말로 얼마나 그 무상함을 가중시키겠는가. 그래서 인간이 누리는 복 가운데 가장 중요한 복이 관계와 인연의 복이라고 나는 생각한다. 그런 의미에서 히틀러와 히믈러의 인연은 저주스런 것이다. 삼국지의 여포와 동탁과 초선의 관계도 저주스런 것이었다. 햄릿과 클라우디우스와 햄릿의 어머니 거투르드의 인연도 저주스러운 것이었다.

이렇게 극단적인 악연이 아니라면 그냥 이렇게 저렇게 만나서 그럭저럭 유지하다가 부서질 인연들, 그것도 아니면 그래도 따뜻하고 소중하고 의미 있는 인연들도 있으리라. 냇가의 수많은 조약돌처럼 많은 사람들이 우리 생애에 만나지고 또 사라져간다. 그러나 드물지만 어떤 만남은 하늘의 섬광처럼 우리에게 영적 정신적 충격을 주면서 우리를 변화시키는 인연이 된다. 당신과 나는 이 세상에 태어났다. 그리고 이 세상에서 기대할 수 있는 최고 최대의 인연은 베드로 등 제자들과 주님의 인연, 바울과 주님의 인연, 예수님의 모친 마리아와 주님의 인연, 나인성 과부와 주님의 인연, 막달라 마리아와 주님의 인연, 베다니 마리아와 주님의 인연, 요한복음 8장의 여인과 주님의 인연, 요한복음 9장의 맹인과 주님의 인연, 마르틴 루터와 주님의 인연 같은 인연들이다.

  첫째, 그런 인연은 그들의 삶 속에 영원한 의미로 불타오른다. 둘째, 그런 인연들은 자신에게도 남들에게도 신성한 영향력을 끼친다. 셋째, 그런 인연은 인류의 역사를 변화시킨다. 넷째, 그런 인연은 없었다면 그들을 영원히 단절과 상실과 무의미 속에 침몰시킬 그런 인연인 것이다. 왜냐하면 그러한 인연이야말로 영생으로 들어가는 입구이니까. 우리는 주님과의 이런 인연 안에서 다른 사람들과의 거룩한 인연을 기도해야 한다.

복음과의_____만남

우리에게 잘 알려진 이야기 하나가 요한복음에 있다. 한 여인이 간음하다가 현장에서 유대인들에게 붙잡혀 끌려와 예수님 앞에 던져졌다. 여자를 예수님 앞에 세워놓고 묘한 승리감에 취한 유대인들이 살기등등한 기세로 예수님께 묻는다. "이 여자를 어떻게 해야 합니까?" 교활한 질문이라는 것을 우리는 알고 있다. "율법에 의거하여 여자를 처형하라!" 고 하시거나, 또는 사랑에 의거해 "여자를 방면하라!"고 대답하시거나 어떤 경우든 주님은 그들의 함정에 걸리게 된다. 붙잡힌 자와 붙잡은 자. 하나님 앞에 서있는 죄인은 이 두 가지 모습을 띤다. 자존감도 권리도 명예도 벗겨진 수치 속에 버려져 떨고 있는 모습과, 쥐를 잡은 고양이처럼 고양된 기분으로 으르렁거리는 자기 의의 모습.

여인을 잡은 자들은 의인인 양 우월감을 가지고 심판자의 입장에 서서 잡힌 자를 내려다 볼 것이다. 그런데 의인의 모습이 이런 것일까? 쓰러진 사람에게 일말의 연민도 없이 살기등등하고, 거룩하신 분을 함정에 빠뜨릴 계책을 꾸미는 이런 모습이? 이 사건에 연루되지 않은 한 이성적인 사람이 지나가다가 이런 광경을 목격했다면 그는 이런 사람들을 선하고 도덕적인 사람이라고 판단할 수 있을까? 여인을 잡은 서기관과 바리새인들이 붙잡힌 여자보다 나은 것일까? 그들의 재촉에 조용히 일어나신 예수님께서 주변을 둘러보시며 말씀하신다. "너희 중에 죄 없는 자가 먼저 돌로 쳐라!"

유대인들이 예상하던 대답이 아니다. 그들이 예수님으로부터 예상했던 대답은 좌나 우 둘 중의 하나였지만 예수님의 입에서 나온 대답은 그들의 예상을 넘어 그들의 사나운 감정에 끼얹는 찬물 같은 것이었다. 그 대답은 부패하고 죽어버린 인간 심리의 중앙을 꿰뚫어버린 화살이었다. 그때 그들의 '자기 의'는 심하게 흔들렸다. 조용히 한 사람씩 뒤돌아서 가버리기 시작하더니 한 사람도 남지 않게 되었다. 자기 의와 증오의 파도가 진정된 침묵의 현장에 여자와 예수님과 제자들만이 남았다. 그때 온유한 눈길을 들어 예수님께서 여자에게 물으셨다. "여자여 너를 고소하던 그들은 어디 있는가? 너를 정죄한 자가 없는가?", "주여 없나이다…", "나도 너를 정죄하지 않겠다. 가서 다시는 죄를 범하지 말라." 그녀에게 죄가 없다는 말이 아니라 정죄하지 않겠다는 말씀이었다.

사람은 누구나 자기가 도덕적 바탕 위에 서있다는 신념을 원한다. 그것이 자기는 의롭다는 도덕적 만족감과 자긍심을 주기 때문이다. 만일 자기가 의롭다는 '자기 의'가 없으면 인간은 개인적 사회적 종교적인 불안감에 싸이게 된다. 개인적이라는 말은 자기의 개인적 양심의 고발이요, 사회적이라는 말은 자기가 속한 집단으로부터의 불인정이요, 종교적이라는 말은 하나님으로부터의 불인정이다. 그래서 인간에게 '자기 의'는 굉장히 중요한 개념이다. 그런데 문제는 이 '자기 의'가 거짓이요 죄의 다른 모습이라는 것이다. 왜냐하면 자기 의는 자기 신뢰요 자기 숭배로서, 자기는 흠 없고 정당한 존재라는 거짓된 자기의식이다. 이 세상의 모든 종교와 철학과 윤리와 자기수련은 이렇게 자기 힘으로 자기 의를 획득 가능하다는 인본주의적 발명이다.

바로 여기에 율법주의가 주소를 두고 있는 것이다. 율법 그 자체는 선한 것이다. 율법은 하나님의 품성에서 나온 덕목으로 인간에게 하나님의 뜻을 보여주고, 이 하나님의 뜻에 자기를 비추어볼 수 있도록 거울 역할을 하는 좋은 것이다. 그러나 율법은 인간의 모습을 보여주지만 인간을 고쳐주지는 않는다. 율법은 의롭게 하는 기능이 없다. 즉 율법은 인간에게 어떤 것을 명령하거나 금지하고, 그것을 어겼을 때 정죄하는 기능이지 인간으로 하여금 그것을 행할 수 있는 능력을 주거나 용서하는 기능이 아니다.

그런데 인간은 타락하여 하나님의 이 기준에 따라 살 수 없는 존재가 되었다.

"원함은 내게 있으나 선을 행하는 것은 없노라"(롬 7:18).

"내가 원하는 바 선은 행하지 아니하고 도리어 원하지 아니하는 바 악을 행하는도다"(롬 7:19).

"오호라 나는 곤고한 사람이로다. 이 사망의 몸에서 누가 나를 건져내랴"(롬 7:24).

이런 상태 속의 인간이 율법의 요구를 자기 힘으로 수행하여 의로움을 획득하겠다는 것이 율법주의다. 율법주의자는 하나님이 아니라 율법 자체를 섬긴다. 율법주의자는 율법을 통해 의로움을 획득하고자 하여, 율법적 성취감으로 도덕적 우월감에 빠져 자기들 기준에 미달하는 모든 것들을 비난한다. "나는 율법을 준수하며 살아왔다. 내게는 도덕적 성취가 있고 그래서 하나님께 인정받을만한 근거를 가지고 있으며 너희들과 다르다!"라는 것이 그들의 정서다.

그러나 그 말 속에 "거짓말"과 "교만"이 숨어있는 것이다. 율법주의자는 필연적으로 거짓된 자만심에 빠지게 된다. 부패한 인간은 하나님의 요구를 성취할 능력이 없을 뿐 아니라 율법을 어긴 죄인이며 따라서 율법에 따라 처벌받아야 하는 존재인 것이다. 인간이 율법의 저주와 처벌을 면할 수 있는 길은 율법 자체에는 없다. 저주와 처벌을 면할 수 있는 길은 다만 죄인을 용서하시는 하나님의 은혜뿐이다. 이 하나님의 은혜를 전달하는 게 복음이요, 이 복음의 근원이 예수 그리스도인 것이다.

여기서 은혜와 믿음의 가치가 부상한다. 즉 구원을 위해선 율법이 아니라 하나님의 은혜와 믿음이 요구되는 것이다. 인간의 실존적 상황은 하늘 재판정에서 하늘 재판장 앞에 서있다는 것이다. 하늘 재판정에서 인간의 행적부를 모두 검토한 하늘 재판장은 인간에게 최종적인 선고를 한다. "사형!"

그렇다. 모든 인간의 최종 운명은 사형이요, 이 사형이란 인간의 제도 속에 있는 교수형이나 총살형이 아니라 하나님과 영원히 분리되어 분리된 장소에 처해지는 것이다. 사형 제도의 교수형이나 총살형으로 목숨 끊어지듯이 존재가 끊어져 사라진다면야 얼마나 좋겠느냐마는, 사형 판결의 결과는 생명의 근원이신 하나님으로부터 영원히 분리되어 하나님 없는 곳에서 하나님 없는 존재를 감수해야 한다는 것이다. 이것을 성경적 용어로 "멸망"이라고 하는 것이다. 이는 상상할 수 없을 정도로 참혹하고 무서운 것이다.

나는 '당신-나'라는 장에서 지옥의 상황을 설명한 바 있다. 이렇게 모든 인간이 죄인이 되었다는 것은 하늘 재판정에서 사형 판결이 불가피한 존재가 되었다는 것이다. 그런데 율법을 어겨서, 또 율법을 지킬 수 없어서 파멸할 수밖에 없는 인간이 다시 율법을 지킴으로 하나님의 의롭다 하심을 받아내겠다는 발상은 얼마나 우스운 것인가. 그런데 이 시점에서 하나님은 복음을 제시하신다. 이제 영원히 파멸할 수밖에 없는 인간에게 하나님은 영원한 멸망을 적용시키신 것이 아니라 복음을 제시하셨다.

"하나님이 세상을 이처럼 사랑하사 독생자를 주셨으니 이는 그를 믿는 자마다 멸망하지 않고 영생을 얻게 하려 하심이라"(요 3:16).

이것이 복음이다. 이것이 은혜다. 이 복음의 본체는 하나님과 동등하신 하나님의 아들 예수 그리스도시다. 하나님께서 사형이 선고된 자에게 교수대의 밧줄이나 단두대를 제시하신 것이 아니라 하나님 아들을 제시하시면서 믿고 받아들이라고, 그러면 이 사형 선고는 영원히 무효가 되고 오히려 그는 그 아들 안에서 영원한 생명을 얻게 하시겠다고 하신 것이다. 이것은 정말로 인간으로서는 상상할 수 없었던, 아니 상상해서는 안 되는, 너무도 초이성적인 하나님의 선물인 것이다.

구원의 방법은 율법과 도덕이 아니라 예수 그리스도의 은혜요, 예수 그리스도를 믿음인 것이다. 도덕적인 사람이나 부도덕한 사람이나 유식한 자나 무식한 자 모두 죄인이라는 것, 이 말이 사람들 사이에 도덕적 차이가 전혀 없다거나 그 차이라는 것을 무시해도 된다는 말은 아니다. 또 사람은 다 똑같으니 되는대로 살아도 된다거나 형벌 제도 같은 것도 불필요하다는 논리를 펴고 있는 것도 아니다.

이 말은 인간의 도덕적 상태가 어떠하든, 인간은 모두 구원이 필요한 동일한 죄인이라는 뜻이다. 만일 하나님이 인간에게 요구한 것이 믿음이 아니라 율법과 도덕이었다면 인간에게 구원은 불가능했다. 그러나 하나님의 구원 방법은 율법이 아니라 예수 그리스도 안에 있는 구속의 은혜다. 그리고 이 은혜에 속한 믿음이다. 구원에 있어서 인간은 행위자가 아니라 하나님의 행위에 대한 신앙자일 뿐이다. 하나님의 행위란 독생자 예수 그리스도를 통하여 구원의 은혜를 가져오심을 말한다.

하나님께서 독생자를 세상에 보내주시고, 하나님의 독생자는 인간의 몸으로 성육신하셔서 인간을 대신하여 인간의 죄를 짊어지고 십자가에 죽으시는 대속 행위를 말한다. 구원은 인간에게 있는 것이 아니라 하나님께 있다. 그리고 그 방법은 교환을 통해서 이루어진다. 교환이란 예수 그리스도와 죄인의 위치를 바꾸는 것이다.

즉 예수 그리스도께서 멸망할 인간의 자리에 서시고 인간을 의로우신 그리스도의 자리에 두셔서, 그리스도가 인간의 불의와 심판을 담당하시고 인간이 그리스도의 의로우심을 입게 되는 것이다. 그래서 성경에는 "예수 그리스도를 옷 입다"라는 표현이 나오는 것이다. 이 방법 외에는 구원의 방법이 없다. 예수 그리스도의 십자가의 죽으심에는 인간을 사랑하시는 하나님의 의가 나타났고, 이런 하나님을 믿는 자를 의롭다 하시는 것이 하나님의 의다. 예수 그리스도를 믿는다는 것은, 이 모든 것을 이루신 예수 그리스도와 그분의 사역을 받아들이고 그분을 자신의 주와 하나님으로 신뢰하는 인격적 관계 속으로 들어감을 의미한다.

그때 그는 그리스도와 연합되고, 그리스도 안에서 그리스도의 모든 공로가 그에게 전가된다. 이것이 복음이다. 인간은 이 복음을 만나야 한다. 지금 유대인 앞에 서 있는 여인은 다만 죽어야 한다. 그러나 그 죄인인 여인은 예수 그리스도 앞에 서있다. 그리고 그 예수 그리스도로 말미암아 용서되고 살아나는 이것이 복음의 상징인 것이다.

1장의 소녀는 성인이 되어 마음에 맞는 사람을 만나 결혼해서 가정을 꾸리고 아이를 낳아 양육하면서 평범한 주부로 일생을 마칠 수도 있다. 또는 교수나 예술가나 사회사업가 등 자기 꿈을 펼치다가 인생을 마무리하게 될 수도 있다. 그러나 무엇이 되든 예수 그리스도와 그분의 복음을 만나지 못한다면 그 소녀의 일생은 유대인들에게 붙잡혀 사형을 기다리는 처지라는 동일한 결론에 이르게 될 것이다. 모든 인류가 마찬가지다. 그러나 이 소녀는 예수 그리스도 안에 나타난 하나님의 사랑과 복음 진리에 충돌하여 놀라운 감격 속에 인생을 밟아가고 있다. 이처럼 우리는 하나님의 이 사랑, 그리스도의 이 은혜를 경험하기 위해 이 세상에 보내진 것이다. 스위스 정신의학자 폴 투르니에의 말은 진실이다.

"이 세상에서 가장 위대하고 의미심장한 사건은 하나님과의 만남이다."
"위대하고 유일하고 살아있는 선물은 예수 그리스도다."

복음이_____보여주는 것

　도시와 떨어진 한 시골 마당에서 밤중에 하늘을 쳐다보다가 밤하늘의 장엄한 광경에 놀란 아이처럼 복음을 들여다 본 사람들은 이 세상과는 다른 세계를 만나게 될 것이다. 우리가 밤하늘에서 보는 것은 수많은 별들이요, 우리가 꽃밭에서 볼 수 있는 것은 여러 종류의 꽃들이다. 벌과 나비와 풍뎅이와 잠자리 등 그 꽃들을 찾아오는 손님들 또한 우리는 볼 수 있다. 여름의 흐린 날 저 공중에서 떨어지는 것들은 빗방울이요, 겨울의 흐린 날 저 하늘에서 떨어지는 수억 수조개의 결정체들은 눈송이다.

　우리는 이것들을 볼 수 있고 이것들을 본다는 사실에서 실수하지 않는다. 그러나 어떤 사실에 담긴 가치를 비교하여 판별하기 위해서는 이런 것보다는 심층적인 마음의 눈이 필요하다. 별과 꽃과 벌과 나비 등은 저절로 보이지만 정신적 가치는 정신적인 눈이 있어야 보인다. 민주주의가 좋은 건지 공산주의가 좋은 것인지를 알기 위해서는 진실에 대한 심미안이 필요하다. 더 나아가 인간의 진실, 영혼의 진실, 내세의 진실, 하나님의 진실을 알기 위해선 눈의 시력도 아니고 정신적 심미안도 아니라 하나님의 계시인 복음이 필요하다. 즉 한 인간이 영적 실재를 알고 이해하기 위해서는 인간의 이성을 넘어 하나님의 계시와 이 계시를 받아들이는 믿음이 필요한 것이다. 그 계시의 중심에 복음이 있다.

복음은 하나님의 모습을 보여준다.

하나님이 어떤 분이신가에 대한 인간의 상상력은 각 민족 각 문화를 따라 다양하다. 인간의 궁극적 관심은 하나님에 대한 관심이고 인간의 궁극적 목표는 하나님을 보는 것이다. 만일 어떤 사람이 자신은 하나님에 대해 일말의 관심도 없다고 말하면, 그 현상은 자연스럽다고 할 게 아니라 심각한 영적 파손의 증거라고 믿어야 한다. 하나님이 없다고 강조하는 무신론은 사실은 부정적 방식으로 하나님에 대한 관심을 표하는 것이다. 정말 관심이 없다면 없다고 말할 필요조차 없는 것이다. 손가락의 지문처럼 사람의 마음에 찍혀있는 하나님의 개념은 사람 스스로 삭제하여 버릴 수 없다.

그리하여 사람은 자기들의 이성이나 심상을 따라 무서운 신, 근엄하신 신, 전지전능하신 신, 인자하신 신, 유치한 신, 심술궂은 신 등 다양한 신의 상을 그려낸다. 하지만 이런 것은 인간 상상력의 소산이고 그러니 '만들어진 신'이라는 말들이 도는 것이다. 성인이 되면 사람들은 우주나 역사나 양심을 통해서 좀 더 합리적인 방법으로 하나님을 추론해보려고 하다가 인간의 고질병인 교만한 지성이 발동하면 하나님을 신화의 산물로까지 격하시켜버리기도 한다. 하나님의 존재 자체는 분명하게 나타나지도 않고 불분명하게 나타나지도 않는다. 파스칼의 말처럼 우주는 하나님이 계시다는 사실을 알려줄 만큼만 분명하고 인간이 타락했다는 사실을 알려줄 만큼만 불분명하다. 커튼 뒤에 숨은 어머니가 자기를 나타내지 않으면 어린애가 어머니를 찾을 수 없듯이, 하나님께서 자신을 보여주시지 않는다면 사람들이 하나님을 발견할 수 있는 방법은 없다.

술래잡기 놀이에서 만일 숨는 자가 신적 존재라면 그가 자기를 나타내지 않을 경우 술래는 무슨 수로도 그 숨는 자를 찾아낼 수 없을 것이다. 신화로도 상상으로도 추론으로도 하나님을 그릴 수 없다. 하나님에 대한 인간의 지식은 하나님이 자신을 알려주시는 계시에 의존할 수밖에 없는데, 그 계시가 성경이다. 1600년에 걸쳐 40여 명의 기자들에 의해 기록된 성경은, 구약은 주후 90년 얌니아 회의에서, 신약은 주후 397년 카르타고 회의에서 현재의 성경 상태로 결정됐다.

성경을 읽는 사람은, 성경 전체가 한 초월적 존재에게 초점이 맞추어져 있다는 것을 발견하게 되며, 그 초월적 존재가 신구약 성경 전체의 중심체이신 예수 그리스도다. 성경의 핵심은 예수 그리스도 안에서 인간의 구원을 위해 베푸신 하나님의 사랑 이야기, 곧 복음이다. 그리고 이 복음이야말로 하나님을 가장 완전하게 보여주는 것이다. 성경 전체의 배열과 주제는 이 예수 그리스도를 중심으로 놀라운 통일성을 보이고 있다. 예수 그리스도는 하나님이시다. 예수 그리스도는 하나님의 아들이시다. 예수 그리스도는 하나님의 형상이시다. 이 아들을 통하지 않고는 인간이 하나님을 알 수 있는 길은 결코 없다.

복음은 인간의 정체를 보여준다.

인간이란 무엇인가? 그리고 인간의 문제는 무엇인가? 이 세상에 창궐한 인간의 문제가 과연 부모에게 효도하지 못하고 조상을 잘 섬기지 못하는 문제일까? 또는 인간의 문제가 과연 정치를 잘하고 교육을 받으면 없어질 그런 문제일까? 아니면 인간의 문제라는 게 진화의 도상에서 필연적으로 발생하는 과정으로서, 교육이나 학문이 발달하게 되면 없어질 그런 문제란 말인가? 그것도 아니면 인간의 문제가 단지 실체가 아닌 허상에 대한 집착에서 오는 고통이기 때문에 집착을 없애버리면 다 해결되는 그런 문제란 말인가? 사람을 정직하게 심도 있게 연구한 사람이라면 인간 문제가 종교나 윤리나 교육이나 정치나 유전자 조작이나 환경 변화로는 손이 닿을 수 없는 곳에 놓여있다는 것을 조금은 감지할 수 있을 것이다. 믿음과 견해는 중요하다. 예컨대 원숭이를 향해 너는 인간이라고 했다 하자. 그 원숭이가 사람의 말을 알아듣고 그 견해를 받아들인다면 그 원숭이는 그때부터 원숭이 역할을 포기하고 사람 노릇을 하려고 들지도 모른다. 그렇다면 원숭이로서의 역할은 끝이다. 반대로 어떤 사람에게 계속해서 너는 원숭이라고 주입해서 그가 자신은 원숭이라고 믿는다면 그의 사람 역할도 끝이다. 현대 교육은 근본적으로 유물론적 진화론적 인본주의적 바탕 위에 세워져 있기에 인간을 진리의 괘도를 벗어난 형상으로 굳어지게 만든다.

하지만 성경에 의하면 인간은 하나님의 형상을 닮게 창조된 피조물이다. 하나님의 형상을 닮은 존재로서의 인간관이 배제된다면 인간의 의미나 인간의 존엄성 따위는 근거 없는 것이 되고 만다. 인간은 심오한 행복 같은 것을 기대해선 안 된다. 아메바에게 무슨 존엄성이 있겠으며, 원숭이에게서 무슨 철학적 의미를 찾는다는 말인가? 인간은 하나님의 형상이라는 것, 하나님과 인간의 관계가 인간 정체성의 본질이라는 것, 그런데 사람의 욕심(죄) 때문에 그 관계가 잘못되었다는 것, 그러기에 인간에겐 속죄와 구주가 필요하다는 것이야말로 복음이 보여주는 인간의 실상이다. 복음은 인간의 숭고한 정체와 부패한 정체 두 가지를 동시에 지적한다. 사람을 하나님의 형상으로 규정함에서 복음은 인간에게 존엄성을 부여하고, 사람을 죄인으로 규정함에서 복음은 인간에게 구원의 필요성을 부여한다. 여기서 인간 문제에 대한 진정한 접근이 이루어지며 인간이라는 존재의 딜레마는 풀리기 시작하는 것이다. 이것이 기독교의 독특한 가르침이다.

복음은 하나님의 사랑을 보여준다.

이런 인간에게 하나님은 무슨 일을 하신 것인가? 이것이 복음이다. 복음은 인간의 행위가 아니라 인간의 구원을 위해서 하나님이 하신 행위다. 세상은 인간 이야기다. 성경은 하나님 이야기다. 세상은 인간의 관심사를 다룬다. 성경은 하나님의 관심사를 다룬다. 하나님의 관심사는 하나님의 나라 완성과 인간의 구원이다. 인간의 구원을 위한 하나님의 사랑은 어떤 것일까? 한 할머니가 어린 손자의 손을 붙잡고 공원으로 갈 때 할머니의 눈빛은 손자에 대한 자애로 가득하다. 하나님의 사랑은 이런 것일까? 유아에게 젖을 물린 어머니가 애틋한 마음으로 아이를 바라본다. 인간에 대한 하나님의 사랑도 이런 모정과 같은 것일까? 손을 맞잡고 공원 숲길을 걸어가면서 이야기를 나누던 연인들이 오붓한 장소에 들어가 포옹을 한다. 하나님이 우리를 사랑하신다고 할 때의 사랑이 이런 종류의 연정인 것일까? 스승이 가난한 제자의 학비를 몰래 제공해주면서 흐뭇한 심경에 젖는 것처럼, 우리를 향한 하나님의 사랑도 우리의 부족함을 해결해주고 누리는 자기만족 같은 것일까? 위의 모든 경우를 다 합쳐도 하나님의 사랑은 설명되지 않는다. 여기 일가족을 몰살한 범죄자가 있다 하자. 죄질이 너무도 나빠서 죄인을 사형시키는 것 외에는 다른 처벌 방법이 없다. 단 하나의 예외 조항이 있다면, 피해자가 가해자 대신 사형을 당하고 가해자에 대한 사면 요청을 법관에게 하는 것뿐이다. 하지만 이런 어처구니없는 일이 이 지구상에서 일어나리라고 기대할 수는 없다.

그런데 이 어처구니없는 일이 일어났다. 하나님의 아들이 인간의 몸을 입고 오셔서 인류의 죄를 대신하여 십자가에 못 박혀 죽으시고 부활하심으로 인류 구원의 길을 여신 것. 복음이란 인간 죄의 검은 색과 하나님 사랑의 흰 색이 배합된 위대한 사랑의 그림으로서, 이 그림이 십자가에서 나타났다. 십자가 사건은 전 장에서 언급한 것처럼 하나님이 죄인의 자리에 서셔서 죄인의 값을 받으시고, 죄인을 의인의 자리에 세우셔서 의인의 값을 받게 하시는, 상식을 넘어선 사랑의 방식이었던 것이다.

이 십자가의 복음만이 부패한 인간을 전율시키며 무릎 꿇게 만들고 악한 심령을 부서뜨린다. 한 마디로 복음이란 놀랍고 무섭고 눈부신 은총이다. 그래서 이 은혜를 경험한 사람은 마음과 뜻과 목숨을 다하여 하나님을 사랑하고 경배하는 것이다. 이 복음이 아니면 하나님의 진정한 모습을 알 수 없고, 이 복음이 아니면 또한 인간의 진정한 모습도 알 수 없는 것이다. 복음이 보여주는 것은 이것이다.

"내가 복음을 부끄러워하지 아니하노니 이 복음은 모든 믿는 자에게 구원을 주시는 하나님의 능력이 됨이라"(롬 1:16).

영혼_____

　　어리석은 부자의 비유가 신약성경 누가복음12장에 나온다. 그는 쓰고 남아돌아 처치 곤란할 만큼의 풍성한 소유와 소출을 가지게 되었다. 이 남아도는 소출을 어떻게 처리할까? 하는 사치스런 궁리 끝에 저장고를 확장하여 앞으로 수년간 걱정 없이 살겠다는 알량한 발상에 젖어있었다. "영혼아, 여러 해 쓸 물건을 많이 쌓아두었으니 평안히 쉬고 먹고 마시고 즐거워하자(눅1 2:19)"라고 하면서. 그때 하나님의 음성이 들려온다. "어리석은 자여, 오늘 밤에 네 영혼을 도로 찾으리니 그러면 네 준비한 것이 누구의 것이 되겠느냐(눅 12:20)."

　　여기에 나오는 부자는 개인의 재산과 안녕을 우선시 하는 물질주의적 불신앙자다. 현대 사회의 맘모니즘의 모델이다. 영적 가치관이 없는 그들에게 여러 해 쓸 물건과 이익을 챙겨 걱정 없이 편안히 쉬고 먹고 즐기자는 관심 이상의 관심은 없을 것이다. 자신의 주택이나 건물, 재산과 건강이 보유되었다면 그 외의 것은 어찌 되든 상관없다. 사회적 시선이 따가우면 가끔 비스킷 조각 던지듯이 자선을 하면 된다. 적당히 사람들의 눈총을 따돌리고 매일, 그리고 인생이 다 가도록 호화스런 환경에서 즐겁게 의식주, 자녀 교육, 여행, 음악 감상, 쾌락 추구, 취미생활, 문화생활을 영위하면 된다.

설령 자기 주변에 정치적 변혁도 있겠고, 재난도 생기고, 불편한 소문도 들리고, 또 누군가가 죽었다거나 자살했다는 듣기 거북한 소문도 있겠지만 그것은 자기 영역 밖의 일이다. 그런 일들은 평안히 쉬고 먹고 마시고 즐거워하자, 라고 하는 자기 행복주의에 물 한 방울도 튀기지 못한다. "세상은 그런 거야, 세상이 병과 가난과 고통과 재난이 빈번하다는 사실은 어제 오늘의 문제가 아냐, 사는 자는 살고 죽는 자는 죽는 거지, 그렇다고 잘 살아보겠다는 사람들까지 기분을 구기면서 살 필요는 없지 않겠어?"라는 심정으로 그는 자기 안일의 극대화를 꿈꾼다. 거기에 자기 정체에 대한 궁구는 없다.

거기에 자기 존재의 기원과 이유와 목적과 본분에 대한 진지한 반성 같은 것은 없다. 거기에 이 세상의 삶 이후 상태에 대한 의구심 같은 것은 없다. 거기에 나와 너의 관계 같은 것에 대한 고려는 없다. 그가 "영혼아, 여러 해 쓸 물건을 많이 쌓아두었으니 평안히 쉬고 먹고 마시고 즐거워하자(눅12:19)"라고 말한 대상은 자기 영혼 즉 자기 자신이다.

그러나 그 영혼이라는 것은 즐거움을 느끼는 감각체일 뿐 자기 육체의 주체요 영원히 하나님과 함께 할 자기 본체로 생각하지 않는다. 그는 결국 영혼을 잃어버리는 것이다. 그리고 잃어버린다는 것은 하나님으로부터 영원히 분리되어, 하나님이 그분의 뜻대로 산 자를 위해 마련하신 진정한 자아, 복된 자아, 영원한 자아를 상실하게 된다는 말이다. 그래서 그가 이 세상에 보내진 목적은 무효가 되어버리고 마는 것이다.

"빵 한 덩어리만 있었으면… 물 한 모금만 마셨으면… 움막이라도 좋으니 잠 잘 구석만 있었으면…" 밑바닥 상황에 처한 사람들은 최소한의 것이라도 아쉽다. 굶주린 사람에게 빵 한 덩어리보다 더한 필요는 없고 목마른 사람에게 물 한 그릇보다 더한 필요는 없을 것이다. 먹어야 한다는 것 입어야 한다는 것 자야한다는 것 모두가 사람의 기본적인 필요요, 이 기본적 필요가 결여될수록 인간 생활은 곤고함이 증폭된다.

그럼 이 기본적인 필요가 충족된다면 인간에게 더 이상 다른 욕구는 생겨나지 않을까? 아니다. 이제 의식주와 관련된 기본적 욕구가 점점 다른 방향으로 출구를 찾게 될 것이다. 식빵 한 덩어리를 움켜쥐고 감사하던 사람은 크림 바른 빵이나 샌드위치를 원하게 될 것이다. 물만 마시던 사람들은 커피나 콜라를 원하고 값싼 천으로 몸을 가리던 사람들은 점차 고급 의류에 눈을 돌리게 될 것이다. 비가 새는 움막에서 움츠리고 자던 사람들은 차츰 문화시설을 갖춘 저택을 원하게 될 것이다.

밥이 해결되면 옷을 원하고, 옷이 해결되면 돈을 원한다. 잠잘 곳이 해결되면 저택을 희망한다. 초등학교 졸업장보다는 중학교 졸업장을, 중학교 졸업장보다는 고등학교 졸업장을, 고등학교 졸업장보다는 대학교 졸업장을 최종 학력 증명서로 가지고 있길 원한다. 조그만 움막에서 비와 추위만이라도 피하기를 원했던 소원은 문화주택에 대한 희망으로 이동하고, 문화주택에 대한 희망은 한 나라 아니 제국을 원하게 될 것이다. 칭기스칸은 왜 자기 나라에 만족하지 못하고 넓은 초원을 박차고 나와 수많은 사람들의 피를 흘리면서 세계 정복에 열을 올렸는가?

나폴레옹은 왜 집정관이라는 막강한 위치에 만족하지 못하고 황제의 지위로 변신하여 이에 실망한 베토벤이 그를 위해 작곡한 제3 교향곡의 악보를 찢어버리게 했는가? 히틀러는 왜 이차세계대전을 일으키고 일본은 왜 태평양 전쟁을 일으켰는가? 왜 재벌들은 적당한 성공에 멈추지 못하고 문어발식으로 기업을 확장하면서 세계화되기를 바라는가? 이 사회는 왜 그렇게도 부동산 투기가 극성을 부리면서 재산 욕심을 내는 것인가? 큰 저택, 높은 빌딩, 많은 재산, 고급 자동차를 소유하면 그에 비례해 자기가 커진 것 같은 느낌을 갖게 된다. 즉 물질적 넓이가 확대될수록 그만큼 자신이 커진 것 같은 자아의 확대감 같은 것이다.

다시 말하면 그 사람의 본체(자아, 영혼)는 변한 게 없는데 걸친 옷의 크기로 말미암아 본체가 큰 것 같은 거짓 느낌을 갖는 것이다. 하루 세끼 식사는 누구나 같고 신진대사도 누구나가 같다. 그러나 인간에겐 소유의 분량과 자아의 분량을 동일시하려는 동일화 심리가 숨어있다. 정치 권력자는 정치권력으로, 경제 권력자는 경제 권력으로, 종교 권력자는 종교 권력으로 자기 극대화를 넘어서 주변 세계를 지배하고자 하는 것이다. 이 모두 자기 극대화 심리에서 발생하는 병이다.

자기 극대화란 무엇일까? 신의 경지에 오르려는 것이다. 인간은 인간일 뿐 신이 될 수도 없거니와 그들이 신이 되려고 하는 방식은 육체적이고 세속적인 방식이다. 그러나 인간이 하나님 앞에서 겸손히 하나님을 경외하고 자기 정체성에 충실하지 않은 채 육체적이고 세속적 방식으로

신이 되려고 하는 것은 사실 마귀로 되어가는 길일뿐이다.

왜 나는 신앙생활을 하는 것일까?

나는 신앙생활의 가치나 의미에 대해서 깊은 상념에 젖어볼 때가 있었다. 신앙에 회의를 품었다는 말이 아니라 이미 가지고 있는 내 신앙에 대한 신학적 이론적 이해를 해보고 싶었다는 말이다. "신앙생활이 아니더라도 현재의 자아, 현재의 인생, 현재의 신앙, 현재의 실존이 가능했을까?"하는 생각이 스쳐갔다. 물론 아니다. 양보해서 현재의 인생, 현재의 현실이 신앙생활 없이 가능했다 하더라도 현재의 자아는 아니다.

그렇다. 내가 예수 그리스도를 믿지 않고 하나님을 경외함이 없었다면, 내가 예수 그리스도 안에서 영원한 생명을 얻어 하나님의 자녀라는 자아 정체성이 없었다면 천년이 지나도 현재의 자아는 불가능했을 것이다. 어떻게 가능했겠는가? 예수 그리스도 없이, 신앙 없이 삶을 영위한다는 것은 죽어있는 시체에 화장을 한 것일 뿐이다. 복음적 신앙생활이란 부자의 물질적 척도로서는 절대로 잴 수 없는 의미를 내포하고 있는 것이다.

기독교 신앙생활의 내면적 의미를 잴 수 있는 잣대가 이 세상에는 없다. 불신앙자들은 이런 사실을 모른다. 인생이란 단순히 잘 살거나 못 살고, 성공하거나 실패하고, 행복하거나 불행하고의 문제가 아니다. 인생에는 그보다 비교할 수 없이 숭고한 문제가 걸려 있는 것이다. 인생에는 핵이 있고 예수 그리스도를 믿고 그 안에서 살아가는 삶은 물리적 현실의 개선이 아니라 이 핵의 문제를 해결하는 것이다. 그 핵이란 기독교 신앙의 진리가 아니면 절대로 해결될 수 없는 것이다. 핵, 그게 무엇인가? 여기 사과 한 개가 있다.

사과는 껍질과 내부 과육과 씨방으로 구성되어 있다. 사과가 땅에 떨어져 먼지가 묻었다면 휴지로 껍질을 닦으면 된다. 그러나 사과의 씨방 부분이 썩어서 전체 과육에 부패가 시작됐다면 그것은 휴지로 닦아서 해결될 문제가 아니라 버려야 한다. 핵이 부패했기 때문이다. 왜 신앙생활을 하는 것이냐, 하는 문제는 이처럼 사과의 껍질을 다루는 문제가 아니라 사과의 핵을 다루는 문제다. 그렇다고 기독교 신앙이 인간 생활의 물리적인 부분을 무시하거나 경시하는 것은 아니지만 순위에서 일 순위가 아니라는 말이다. 부자는 이 핵의 문제를 유기한 채 껍질 부분인 몸과 의식주 만족에 삶의 기반을 두었다.

신앙의 가치는 부자의 가치와 대척점에 있다. 즉 부자의 모든 가치는 육체적인 것에 있고 신앙의 우선 가치는 영적인 것에 있다. 인간의 핵은 바로 이 영혼으로서, 기독교 신앙은 하나님과 인간의 관계 회복으로 말미암는 영혼의 구원과 영적인 부요에 그 기반을 두는 것이다. 영혼은 본체요 육체는 옷이다. 영혼이 곧 인간의 자아요 핵이다. 인간의 본질적 정체성을 결정하는 것은 그의 육체가 아니라 그의 영혼인 것이다.

좀 더 구체적인 접근을 해보자. 도대체 왜 기독교 신앙을 지속해야 하는가? 신학적인 설명으로는 하나님의 은혜를 입어 선택되고, 부르심 받고, 의롭게 되고, 믿음을 부여받았기 때문이다(롬8:30). 하지만 보통사람들에겐 이 신학적인 설명이 이해가 되지 않는다. 그보다는 개인적인 경험이 더 마음에 와 닿을 것이다. 내가 경험한 신앙의 이유는 첫째, 은혜 때문이다. 이 말은 하나님의 은혜로 말미암아 나는 삼위일체 하나님과 영원한 실재와 그의 은혜가 무엇인지 알게 됐다는 뜻이다. 그래서 나는 이렇게 말해야 할 필요를 느낀다.

나는 하나님 때문에 하나님을 믿고 예수님 때문에 예수님을 사랑한다고. 하나님으로 말미암은 여러 부수적인 요인이 아니라 하나님과 하나님의 아들 예수 그리스도 자체가 나를 그분들께로 이끄는 동력이 된 것이다. 어떻게 믿지 않을 수 있겠는가? 둘째, 기독교 진리 때문이다. 기독교 진리는 이 세상의 문제를 해석하고 해결하는 유일무이한 것이다. 그것은 철학이 아니고 교훈이 아니고 이념이 아니고 역사가 아니고 종교가 아니라 진리다. 부자는 "영혼아, 여러 해 쓸 물건을 많이 쌓아두었으니 평안히 쉬고 먹고 마시고 즐거워하자(눅 12:19)"라고 했는데 그 말 속에는 생명도 진리도 행복도 없다.

그러나 기독교 신앙에는 생명과 진리와 참 행복이 있다. 나는 오히려 이렇게 말할 것이다. "영혼아 너는 하나님의 은혜로 예수 그리스도를 믿게 되었고, 그와 연합되었고, 그 안에서 영원한 생명을 얻어 하나님의 자녀라는 자아와 정체성을 얻었으니, 그 정체로서 삼위일체 하나님과의 관계 속에서 믿고 사랑하고 감사하고 경배하며 즐거워하여라." 인간이란 하나님 안에서 하나님을 신앙함으로써만 안식할 수 있도록 하나님께서 창조하신 존재이기에 아무리 세속적 번영을 누리는 사람이라도 신앙이 없다면 그의 자아는 죽었고 안식 또한 없는 것이다.

모든 사람은 이 문제와 만나게 된다. 부자의 관심 속에는 핵이 없었다. 그냥 "육체적으로 평안히 쉬고 먹고 마시고 즐거워하자"가 그의 인생관이다. 그러나 인간에겐 핵이, 자아가, 영혼이 중요한 것이다. 그것이 이 지상에 보내진 여행자가 발견해야 할 사실인 것이다.

"영혼아 너는 하나님의 은혜로 예수 그리스도를 믿게 되었고,

그와 연합되었고, 그 안에서 영원한 생명을 얻어

하나님의 자녀라는 자아와 정체성을 얻었으니,

그 정체로서 삼위일체 하나님과의 관계 속에서 믿고

사랑하고 감사하고 경배하며 즐거워하여라."

부활을_____기다리다

개나 돼지의 머리 속엔 삶에 대한 ?표가 없다. 나타난 현실에 대한 적응만이 있을 뿐이다. 그러나 인간에겐 ?표가 있다. 인간은 본능적으로 의미를 찾는다. 존재 의미, 삶의 의미, 행동의 의미. 의미를 찾는 행동은 배워서 하는 게 아니며 논리적 정신의 소유자이기 때문에 하는 것도 아니라 인간이라면 누구나 그 밑바탕에서 끓어 올라오는 증기와 같은 것이다. 존재와 존재 의미는 서로 배우자 관계다. 사람은 자기 존재의 의미를 찾을 수밖에 없고, 의미를 찾지 못한다면 그는 배우자 없이 광야에 혼자 사는 사람과 같다.

왜 집을 지을까? 집을 짓는 사람은 집을 짓는 의미를 인지하고 있다. 집을 짓는 것은 의식주 등 기본적인 인간 생활을 영위하기 위한 공간을 만드는 일이다. 그런데 질문은 여기서 끝나지 않는다. 그럼 의식주의 생활은 왜 하는 것인가, 라는 한 걸음 더 나아간 질문으로 들어간다. 그러면 이성적인 정신의 소유자라면 살기 위해서라고 대답할 것이다. 그러면 왜 살아야 하는가, 라는 또 한걸음 나아간 질문에 도달하게 된다. 이 모든 것이 의미 찾기다. 그런데 사람들 간엔 중간 정도에서 만족하고 의미 찾기를 끝내버리는 사람들이 많다.

진정한 의미 찾기는 중간에서 끝나지 않으며 진정한 의미 찾기는 인간의 지성만으로는 되는 게 아니라는 것 또한 기억해야 한다. 인간의 이성으로는 최종적 해답에 이를 수 없다. 그래서 좀 전의 경우와 같이 집을 짓는 이유를 추론해가다가 의식주 생활을 하기 위해서라는 답변으로, 잘하면 한 단계 더 들어가 왜 의식주 생활을 해야 하는가에 대해 살기 위해서라는 답변까지 나아가 종결짓고 마는 것이다. 그런데 우리는 왜 의미를 찾는 것일까? 내가 내 삶에 대해서 어떤 의미를 찾는다면 나는 내 삶에 대해서 어떤 기대를 하는 것이다. 예컨대 찰흙으로 새 한 마리를 만들어놓고 너무 좋아하며 자나 깨나 그 새를 바라보는 아이가 있다 하자. 이 아이는 지금 무엇을 원하는 것일까? 이 아이는 그 마음 깊은 곳에 진짜 살아있는 생명체에게 하듯 그 새에게 영적인 의미를 부여하고 있는 것이다. 이처럼 자기 삶의 의미를 찾는 사람은 자기 삶에 대해 무엇인가를 기대하는 것이다. 그게 무엇일까?

한 어린애의 엄마가 죽었다. 어린애는 엄마 없는 현실을 받아들일 수 없고 적응할 수 없었다. 그것은 그 아이에겐 우주의 붕괴 같은 의미였기 때문이다. 무너져 내린 세계 한가운데 홀로 서있는 자신의 존재를 감내할 수 없어 아이는 울고 또 울었다. 그래도 조금도 나아지지 않는 현실에서 아이는 도망치고 싶었다. 밤에 꿈을 꾸면 어느새 엄마가 살아 돌아와 자기를 만지고 대화도 하는데, 그때마다 아이는 놀라운 기쁨에 꿈인가 생시인가 확인하기 위해 자기 살을 꼬집어보니 아팠다. 생시라는 증거. 하지만 아이는 곧 깨어나 꿈 속 감격은 물거품처럼 사라지고 냉엄한 현실과 마주해야 했다. 엄마가 살아오기는커녕 지금 땅 속에서 부패의 과정을 지날 것이다. 죽음은 바꿀 수 없다. 죽음은 무서운 것이다. 죽음이란 이런 것이고 그 아이에게만 아니라 모든 인류에게 동일하게 냉엄한 현실인 것이다.

내가 이 세상에서 처음으로 죽음을 확인한 것은 할아버지의 죽음이었다. 열네 살 그때까지 많이도 듣기만 했던 그 죽음이라는 것을, 치매에 걸린 몇 년간의 어려움을 겪으시면서 할머니와 가족을 힘들게 하시던 할아버지를 통해 직접 본 것이다. 그러나 그분은 노인이니까, 또 병도 있었으니까 그 죽음이 그리 큰 슬픔으로 다가오지는 않았었다. 그러나 일 년 후 형의 죽음은 달랐다. 그것은 심장 깊숙이 파고 들어온 칼이었다. 죽음이란 존재 끝이라는 것, 돌아올 수 없다는 것, 그와의 관계는 끝이라는 것을 배웠다. 그 후로 살아오는 동안 죽음은 인간 생활에서 듣고 보고 함께 하는 꺼림칙한 어떤 개념이었다. 그러나 아무리 들어도 아무리 보아도 인간은 결코 죽음에 길들어질 수 있는 존재가 아닌 것은, 인간은 살아있고 죽음은 죽어있기 때문이다.

사람이 있던 자리에서 그 사람이 떠나면 떠난 자리에 어떤 뉘앙스가 남는다. 어떤 사람은 밋밋함을, 어떤 사람은 시원함을, 어떤 사람은 애석함을, 어떤 사람은 애석함과 그리움을 남긴다. 그 사람이 앉아있던 책상,

그 사람이 누웠던 침상, 그 사람이 생활하던 방, 그 사람이 입던 옷, 그 사람이 신던 신발에 그 사람 존재의 흔적이 남는다.

2022. 10. 13 새벽 3시10분 쯤 내 어머니가 소천하셨다. 젊은 시절, 아버지가 버려둔 자식과 가정을 살리기 위해 희생하고 헌신하시다가 80대에 장사를 마무리 하신 후 치매를 앓으시다가 요양원에서 숨을 거두신 것이다. 전화를 받고 내가 도착한 것은 임종 직후. 침상 밑에 앉아서 어머니 하얀 얼굴에 손을 얹고 눈을 감았다. 감사와 의탁의 기도를 올렸다. 지난 어머니의 일생을 묵념했다. 그리고 일어나기 전 세 마디를 했다. "어머니 잘 가세요. 고생하셨어요. 하늘에서 뵈어요." 미리 준비해둔 어머니 영정을 붙들고 울었던 그 며칠 전엔 안쓰러움과 애석함에 압도되었지만 막상 그 날은 평온함도 있었다.

그 몇 달 전 어머니께 사드린 가죽 성경과 녹슨 반지가 유품으로 남았는데, 소가 되새김질 하듯이 나는 한동안 어머니에 대한 애석한 상념을 곱씹어야 했다. 그 성경과 반지를 대할 때마다 내 기억은 과거로 연결된다. 저 먼 옛날 초등학교 졸업 후 진눈깨비 흩날리는 가운데 초라한 아이와 함께 찍혀버린 흑백사진 속 예쁜 얼굴, 구제품 장사를 하면서 서울 필동의 그 열악한 산동네를 오르내리며 삶의 무게를 감내하시던 일, 그리고 수십 년이 지난 어느 날 오후 예배 후 인사도 없이 바쁘게 가방을 들고 어디론가 나가셔서 실종되신 분을 한참 만에 찾았던 일, 집에서도 자주 가방을 들고 집에 가야 한다면서 나가시려고 하던 일, 오래전에 떠난 시장을 가야한다고 옷을 입고 채비를 하시던 일, 초췌한 몰골로 약국을 찾아다니면서 비타 500을 구해오시던 일, 할 일도 만날 사람도 갈 곳도 없이 매일 집 밖의 동네를 한 바퀴 돌아와 자리에 누우시던 일, 요양원에 입원시켜드리고 돌아설 때 가슴 저미던 일, 병원에서 피검사를 한다고 메마른 손목에 여러 차례 바늘을 찔러댈 때 괴로워하시던 일 등. 그분이 세상을 떠나시기까지 약 10년은 가족도 나도 마음 졸이는 시간이었다.

이제 어머니는 떠나셨기에 그분의 건강과 행복에 대한 짐은 벗었지만, 그분 과거의 잔상이 마음을 두드린다. 아, 그러나 다른 게 있다. 어머니 인생 안에 예수 그리스도가 계셨다는 것, 그분이 예수 그리스도를 믿었다는 것, 주님 보혈의 은총이 적용된 여인이었다는 것, 주님은 언약의 하나님이시라는 것… 내 어머니에 대한 마음은 지금도 눈물겹지만 나는 그분의 과거를 바꿀 수 없으며, 다만 그리스도 안에서 그분의 인생이 다른 의미로 승화된다는 것을 믿을 뿐이다.

인생 문제는 간단하지 않다. 인생은 수많은 사연으로 도배가 된다. 이 사연들에도 불구하고 이 사연들을 상쇄하는 정도를 지나 인생을 감격의 현장으로 전환시키는 사건이 그리스도인들에게 일어난다. 예수 그리스도의 죽으심과 부활, 그리고 그것이 내게 의미하는 것이다. 내가 고양이에게 쫓기는 쥐라면 이제 더 이상 도망갈 곳 없는 막다른 구석까지 다다랐을 때, 하나님은 내게 몸을 돌려 그 고양이의 눈을 정시하게 하셨다.

예수 그리스도의 죽으심과 부활이 나로 하여금 그 고양이의 눈을 정시할 뿐 아니라 그 눈을 뚫고 들어가 그 건너편으로 나가게 만들었고, 고양이도 호랑이도 없는 그 건너편에서 무한히 찬란한 생명의 빛을 보게 했다. 이것은 상상이 아니다. 이것은 착란이 아니며 신념이 아니며 실재다. 상상이나 착란이나 신념으로는 결코 인생에 나있는 거대한 공백을 건너 뛸 수 없는 것이다. 예수 그리스도의 부활, 그리고 그분으로 말미암아 신자에게 일어날 부활은 톨스토이의 책 "부활"처럼 정신적 부활이 아니며 영지주의자들의 주장처럼 망상적 부활이 아니다. 그것은 그리스도가 보이신 대로 육체적 실제적 부활이다. 그 실상을 발견하는 즉시 죽음의 신랄한 가시는 부러졌다.

나는 주 예수 그리스도가 얼마나 위대하신 분인지, 은혜가 얼마나 위대한지 알고 있다. 신자는 예수 그리스도를 믿고 연합될 때 영적으로 부활한다. 그러나 지금 내가 논하는 부활은 영적 부활이 아니라 의인의 부활이 일어날 때 신자에게 발생할 육체적 부활이다. 주님께서 자기 약속에 따라(요 14:3) 자기 신부들을 데리러 공중에 오실 때 그 일이 발생할 것이다(살전 4:16-17). 지금 세상은 어둠이 깊고 불들이 꺼진다. 이 어두워진 마을에 인간의 피로가 쌓인다. 그러나 보라. 이 어둠이 덮은 마을 한 구석에서도 고개를 들고 피어나는 달맞이꽃들이 있다. 내가 배운 것이 이것이다. 엄마는 죽어 다시 돌아올 수 없지만 우리의 주님은 다시 돌아오신다는 것, 이 끝없는 소망으로 달맞이꽃은 피어날 수 있다는 것이다. 나는 지금 이 부활을 기다리고 있다.

빅터 프랭클은 우리가 인생에 기대하는 것이 중요한 것이 아니라 인생이 우리에게 기대하는 것이 중요하다고 했다. 물론 맞는 말이다. 하지만 우리가 인생에 기대하는 것이 없다면 우리는 이런 인생을 왜 살아가는 것이란 말인가? 사과 안에 씨가 있듯이 우리의 인생에 씨가 있는 것 아닌가. 그 씨가 우리 인생의 의미다. 인생은 우리에게 끝없이 영원을 바라보도록 요구한다. 성장, 질병, 실패, 불운, 재난, 고통 등 이렇게 저렇게 부딪치며 살아온 우리의 인생에는 부정할 수 없이 어떤 기대가 존재한다. 이게 다가 아니라는 것, 여기서 끝나는 것이 아니라는 것, 우리의 인생은 여기서 영원으로 이어지는 구조로 되어 있다는 것이다.

여기서 창조자의 뜻대로 산 사람은 복된 영원으로, 창조자의 뜻과 무관하게 산 사람은 파괴된 영원으로 이어지는 것이다. 태어나 부모에게 귀염을 받고, 어린 시절 교실에 앉아 겨울 창밖의 정경을 그리고, 중학교 시절 개구리 해부를 하면서 생명체 내부를 연구하고, 결혼하여 아이를 낳아 양육하고, 때로 아프기도 하면서 세월이 가버린 후에 주름투성이의 노파가 되어 무덤 속에서 다만 썩어버리기 위해서 소녀가 이 세상에 왔다는 말인가? 소녀가 그렇게 분투하며 한평생을 살아왔는데 나이를 먹을수록 내부에 빈 공간이 커지고 인생에 더 이상 희망할 것이 없다면 도대체 인생에 대해 무슨 기대를 가질 수 있다는 말인가?

그러나 소녀는 이 어둡고 비바람 부는 세상에서 하나님의 은혜를 체험했다. 그리스도의 십자가 사랑을 체험했고 그리스도를 만났다. 이것이다. 소녀가 이 지상의 여정에서 그리스도를 만나 그분을 자신의 주님으로 영접하여 그분과 연합되고, 자기 안에 영적 생명을 가지고 영원을 향하여 나아간다면 소녀의 인생은 의미심장한 것이다. 우리는 이런 영적인 목적을 위해 이 세상에 들어온 것이다. 소녀는 지금 그것을 기대하고 있다.

소녀는 이 어둡고 비바람 부는 세상에서 하나님의 은혜를 체험했다.
그리스도의 십자가 사랑을 체험했고 그리스도를 만났다.

The purpose of our being sent to this land

3부

실천적 목적

태초에_____관계가 있었다

　섬은 고독하다. 섬은 대지에서 갈라진 대지의 조각이다. 그래서인지 대지와 섬 사이에 개재된 슬픔은 대지와 섬 사이에서 파도치는 파란 바닷물이 상징하고 있다. 대지는 멀리서 섬을 바라보고 섬은 대지를 동경하지만 섬은 대지에게로 귀환할 수 없다. 이 두 사이의 분리가 아파서인지 해안가에 부딪히는 파도는 멍든 빛깔이고, 파도소리는 우리 마음에 까닭 모를 슬픔을 일으킨다. 섬의 방파제에 서 보라.

　해안가 바위에 부딪히는 파도소리는 우수의 음조를 띠고, 하늘을 날고있는 갈매기의 울음소리조차 구슬프다. 나는 섬에 갈 때마다 방파제에서 보기도 하고 해안 도로를 걸어보기도 하고 가끔은 사람들과 함께 물 빠진 드넓은 갯벌에 들어가 조개를 줍기도 했다. 햇빛 내리는 그 끝 모를 고요 속에서 갯벌 위로 내 그림자가 움직일 때 게들이 구멍을 찾아 움직이고 조개의 분비물이 튀어나오곤 한다. 갯벌을 나온 후 멀리서 밀물이 시작되면 바닷물은 차츰 섬의 허리로 차오르고 차오른 바닷물은 파도를 일으키며 다시금 갯바위를 때린다. 그러면 또다시 바닷물이 휩쓸고 지나간 갯바위엔 눈물이 흘러내린다. 열 번, 백 번… 저 멀리 물보라를 일으키면서 지나가는 여객선 주변엔 갈매기들이 모여 날면서 끼룩거린다. 섬의 선착장을 떠나 고도로부터 배가 멀어질 때 저 멀리 아스라이 작아지는 섬의 모습은 인간의 고독한 형상과 닮아있다.

그것은 내게는 사람이 자기 뿌리로부터 떨어져 독처하는 영적 애환의 상징처럼 보인다. 그러나 섬이 더욱 애달픈 것은 섬이 대지와 분리된 슬픔과 동시에 대지에 대한 그리움을 품고 있기 때문이다. 만일 섬이 대지와 결합하는 일이 벌어지지 않는다면 섬은 해결될 수 없는 이 슬픔과 이 그리움을 끝도 없이 품고서 내면의 파도를 감수해야 할 것이다. 그렇다. 섬과 육지에 개재된 문제의 본질은 관계 분열이다. 진정으로 인간을 아는 사람이라면 인간의 뿌리에 남아있는 병의 정체가 하나님과의 관계 분열이라는 것을 알 것이다. 인간은 외로움을 견디기 힘들어한다. 인간은 자신의 정체성이나 존재 의미를 어떤 관계 속에서 찾으며, 이 관계성이 충족될 때 진한 안도감을 가지게 된다.

어린애들도 혼자 있는 것을 힘들어한다. 엄마와 같이 있을 때 행복하고 즐거워하지만 곧 엄마와만 함께 있는 것도 힘들어하고 누군가 아는 사람이 찾아오면 즐거워한다. 그것도 아니면 장난감 인형이나 다른 장난감을 가지고 놀기를 좋아한다. 사람만이 아니다. 새들에게도 관계가 있으며, 숲 속 나무들도 관계 속에 서있는 것이며, 밤하늘의 별들도 서로 무관하게 존재하는 것은 없는 것이다. 왜, 무엇 때문에, 어디에서부터 이 관계라는 것이 기원하는 것일까?

구약 성경 창세기 1장에는 하나님께서 인간을 창조하실 때 "우리의 형상을 따라 우리의 모양대로 우리가 사람을 만들고(창 1:26)"라는 문구가 나온다. 이 인간이 하나님께 반역하여 타락했을 때 다시 "보라 이 사람이 선악을 아는 일에 우리 중 하나 같이 되었으니(창 3:22)", 인간이 바벨탑을 쌓으며 또다시 하나님께 반역을 시도할 때 "자, 우리가 내려가서 거기서 그들의 언어를 혼잡하게 하여…(창 11:7)" 등 홀로 하나이신 하나님이 마치 누군가와 대화하는 듯한 뉘앙스가 보인다. 창조도 구속도 심판도 모두 하나님 한 분이 하시는 일이다.

그런데 이 '우리'란 누구인가? 천사는 아니다. 하나님이 천사들과 창조를 논하신단 말인가? 천사는 창조의 대상이지 의견 교환의 대상이 아니다. 이에 관한 성경 내용을 열거하거나 신학적 설명을 하자면 끝이 없으니 대표적인 사건 하나만을 들어보자. 하나님께서 아브라함이 100세나 되었을 때 주신 자식 이삭을 모리아 산에서 제사하라고 명하셨다. 아브라함은 자기가 살던 브엘세바에서 삼일 길이나 되는 모리아 산으로 아들을 데리고 가서 거기서 아들을 묶어 제단 위에 올려놓고 칼을 잡아 아들을 바치려고 할 때 하나님께서 제지하셨다. 이 사건은 한 마디로 기독교 신앙과 신학의 심오함을 내포시킨 사건이다.

당시 이방 세계는 온갖 우상숭배 문화에 젖어있었고 심지어 자식이나 어린애들을 인신공양까지 하던 악습이 돌던 시대였다. 그런데 이런 상황에서 여호와 하나님마저도 이런 악습을 명령하신 것처럼 보이는 이 사건엔 하나님의 깊은 뜻이 숨어있었다. 첫째는, 이천 년 후에 같은 장소에서 벌어질 자기 아들의 십자가 구속 사건을 예시하는 것으로서 성부 하나님과 성자 예수님의 마음을 계시해주시는 것이었다. 아브라함이 귀한 아들이삭을 바칠 때의 심정, 또한 순순히 자신을 아버지의 손에 맡기는 이삭의 심정을 통해 인류 구속을 위한 성부자의 의지를 보여주는 것이었다. 둘째는, 기독교 신앙은 가족이라는 수평 관계마저 초월하여 하나님과 인간의 수직 관계가 본질이며 중요하다는 것, 즉 하나님 신앙은 그 무엇보다 중요한 우선 가치라는 교훈에 대한 가르침이었던 것이다.

아브라함을 칼을 잡고 묶여서 놓여있는 이삭을 내리치려고 할 때 하늘로부터 하나님의 음성이 들려 이르기를 "그 아이에게 네 손을 대지 말라. 그에게 아무 일도 하지 말라. 네가 네 아들 네 독자까지도 내게 아끼지 아니하였으니 내가 이제야 네가 하나님을 경외하는 줄 아노라.(창 22:12)"고 하셨다. 하나님께서 아브라함의 마음과 행동을 왜 미리 알지 못하셨겠는가. 이제야 알았다는 말씀은 이제 네 행동이 밖으로 드러났다, 이제 네 신심이 외부로 나타나 너도 그리고 나도 그것을 확인했다는 뜻이다.

그런데 여기서 이상한 점은 여호와 하나님이 이렇게 말씀하신 것인데 분명히 본문에는 여호와의 사자가 말씀했다고 기록되어 있다. 그리고 이 여호와의 사자는 마치 자신이 여호와인 것처럼 말씀하신다. 사자란 파견자, 사역자, 대변자, 표상이라는 뜻을 함축한다. "네가 네 아들 네 독자라도 내게 아끼지 아니하였으니…" 이 모리아 사건을 명령하신 분은 분명히 하나님이셨다.

그런데 지금 아브라함에게 말씀하실 뿐 아니라 이 사건을 명하셨고 아브라함이 그 명령을 받들어 순종한 대상이 여호와의 사자 자신이라는 이 상황은 어떻게 해석해야 하는가? 성경을 처음 읽는 분들은 혼란스러울 것이다. 답은 하나다. 곧 여호와가 여호와의 사자이고 여호와의 사자가 여호와다. 그렇다고 이 것이 말장난을 하는 것은 아니며, "맞아 원래 한 분을 여호와로도 부르고 여호와의 사자로도 부르는구나" 하면 안 된다. 그럼 무엇이란 말인가.

여기서 기독교의 위대하고도 심오한 삼위일체 진리가 등장하는 것이다. 분명히 여호와와 여호와의 사자는 다른 분이다. 그러나 여호와도 여호와요 여호와의 사자도 여호와다. 한 분이시면서 세 인격, 세 인격이신데 한 분. 한 하나님 안에 세 분의 위격, 세 분의 위격이지만 동일한 본질의 한 하나님이시라는 것. 아버지와 아들과 성령. 아버지는 아들이 아니고, 아들은 성령이 아니며, 성령은 아버지가 아니지만, 아버지도 하나님이시요 아들도 하나님이시요 성령도 하나님이신 분, 그러나 세 하나님이 아니라 한 하나님이신 분, 한 분 하나님 안에서 동일한 생명을 가지고 무한한 사랑을 나누시는 세 위격을 말하는 것이다. 이 세 위격은 영원 전부터 영원 후까지 한 본질 한 생명으로 연합되어 무한한 사랑을 주고받는 한 하나님이시다. 이 세 분 위격은 창조에도 구속에도 공동 역사를 하시며, 인간이 구원을 받는다는 것은 제 2위이신 예수 그리스도를 통하여 이 삼위일체 하나님 안으로 들어오는 것을 의미하는 것이다.

잠깐이지만 하나님께선 모리아 산에서 이 삼위일체의 신비를 열어주신 것이다. 분명히 아브라함에게 모리아 행을 명령하신 분은 여호와 하나님이시다. 그런데 지금 아브라함을 제지하시는 분은 여호와의 사자이시다. 또 그런데 여호와의 사자는 곧 아브라함에게 모리아 행을 지시하신 이가 자신이라는 뉘앙스로 말씀하시고 계시다. 그렇다면 삼위일체 모두가 하나님이시고 여호와이신 것이다. 그런 의미에서 구약의 여호와는 신약의 예수 그리스도라고도 할 수 있는 것이다.

나는 지금 무슨 말을 하고 있는 것일까? 존재하는 것이 없었고, 우주도 없었고, 시간도 없던 때에 이 삼위일체 하나님이 계셨다는 것, 이 삼위일체는 관계라는 것, 이 관계 속에 우주 안 모든 관계의 단초가 있다는 것, 그리고 마지막으로 이 관계 속에 사랑이 놓여있다는 것이다. 존재의 본질은 생명이요, 생명의 본질은 관계요, 관계의 본질은 사랑이다. 왜 만물은 사랑을 필요로 하는가, 왜 인간은 사랑이 없으면 못 사는가, 왜 인간은 끝없이 사랑을 갈구하는가? 왜 그렇다고 생각하는가? 답은 내가 이미 진행시켜온 진술에 들어있다. 하나님 때문이다. 하나님은 생명이시기 때문이다. 생명은 관계되어 있기 때문이다. 관계는 사랑을 요하기 때문이다. 하나님이 그렇게 설정하셨기 때문이다.

관계는 대지다. 대지가 깨어지면 섬이 되듯이 관계가 깨어지면 홀로가 된다. 인간은 가족 관계 안에서 아버지 또는 어머니 또는 자식이라는 가족 정체성을 얻는다. 군인은 군대 안에서 군단장, 사단장, 연대장, 대대장, 중대장, 소대장, 분대장, 소대원, 교육관, 취사병, 행정관 같은 군 정체성이 부여된다. 숲에는 흙, 관목, 교목, 새, 다람쥐, 나비, 벌레들이 각기 독특한 신분으로 공동체를 이룬다. 그럼 이 우주 안에서 인간은 무엇인가? 밤하늘의 별들을 보면서 인간은 이 광대무변한 우주 안에서 자신의 의미는 무엇일까를 한번 쯤 생각 안할 수 없다. 그때 그는 하나님과 또 이 우주 안의 뭇 존재들과 자기가 무슨 관계에 놓여있는가를 궁구하는 것이다.

이 광대무변한 세계는 곧 어떤 관계이고, 이 관계가 존재의 이유다. 인간이 이 세계로 들어왔다는 것은 어떤 관계로 들어왔다는 말이요, 인간이 이 세계에서 인생을 부여받았다는 것은 그 관계를 실현하는 어떤 삶을 살아야 한다는 말이다. 이 관계 속에서 맺어지는 얽힘을 인연이라고 하는 것이다. 관계가 없다면 인간에겐 자기 정체성도 존재 의미도 성립되지 않는다. 자기가 무엇인지 자기가 살아야 할 삶이 무엇인지를 어찌 알 수 있다는 말인가.

하나님, 인간, 관계, 사랑. 여기에 심오한 무엇이 있다. 우리가 뜻하지 않고 우리가 만들지 않은 이 우주 속에서 우리가 뜻하지 않고 우리가 만들지 않은 생명을 받아 우리가 뜻하지 않고 우리가 만들지 않은 관계 속으로 들어왔다는 것은 특별하지 않은가? 내가 의도하지 않고 만들지 않은 내 자신의 객관적 의미가 신비롭지 않은가? 그런 만큼 나 아닌 다른 사람들의 존재 또한 신비롭지 않은가? 그것이 신비로운 이유는 그것이 내게 어떤 실용적 이익을 주기 때문이 아니다.

그것이 신비로운 이유는 선하신 하나님이 선하신 지혜 가운데서 선한 목적을 위하여 우리를 거기에 배치하셨기 때문이다. 우리는 인위적으로 어떤 관계를 맺을 수도 있다. 하지만 생각해보라. 부모와 자식 관계를 인위적으로 맺을 수 있는 것인가를. 또 가족관계나 부부관계나 친구관계 같은 자연스럽고 소중한 관계는 인위성을 배제하지 않는가. 설령 인위성이 개입되더라도 그것은 약간만 그렇다는 것일 뿐 정말로 중요한 관계는 억지가 불가능한 것이다.

그런 의미에서 모든 정상적 관계는 하늘에서 내려준 은혜로운 배정이라는 사실과, 그러기에 우리는 그 배정을 존중해야 하는 것이라는 논리가 형성되는 것이다. 최우선의 관계는 하나님과의 관계다. 이 관계는 모든 존재 모든 관계의 바탕과 근거로서의 의미를 가지고 있다. "나와 너의 관계" 또는 "나와 너와 그것의 관계"는 하나님 안에서만 그 천부적 의미와 중요성을 부여받는 것이다. 이 관계 유지를 위해서 필요한 자원이 사랑인 것이다. 우리는 관계 속에 놓여있고, 관계 속에 놓인 자는 사랑해야 한다. 또 사랑 받아야 한다. 가족관계든 사제관계든 부부관계든 친구관계든 그 모든 관계를 부패하지 않게 실현하는 길은 주님 안에서 그 관계를 존중하고 사랑하고 실현하는 것이다. 이를 위하여 우리는 이 지상으로 보냄을 받은 것이다.

우리는 사랑하기 위해
이 세계로 들어왔다

[저자의 다른 저서 〈삶을 아름답게 하는 것〉에서 인용]

계절은 소리 없이 바쁘게 여름으로 이동하고 있었다. 인생의 한 계단을 올라서기 위한 준비에 바쁜 초등학교 6학년 어린 학생들도 바쁜 듯이 보였다. 어느덧 우리는 초등학교 6년 과정의 말미에 선 것이다. 지금은 없어진 서울 퇴계로 아스토리아 호텔(현 더블 에이 호텔) 맞은편의 일신초등학교 6학년 교실은 맨 위층이었던 것으로 기억된다. 우리 교실을 포함한 학교 전체의 교실 바닥은 마루였다. 마루 바닥에 나무 책걸상. 책상에서는 언제나 싫지 않은 나무 냄새가 났고, 청소 시간이 되어 엎드려 교실을 쓸고 걸레질을 할 때면 우리는 언제나 마루 바닥에서 세월이 배어있는 나무 냄새를 맡곤 했다.

이 마루의 가장자리 창 쪽으론 겨울이면 뜨겁게 가열되는 스팀이 있었다. 이 스팀의 열기가 어느 정도인가 하면, 스팀에 도시락을 얹어놓으면 도시락 밑바닥이 눌어붙어 누룽지가 된다. 겨울엔 아이들이 교실에 도착하자마자 서로 자기의 도시락을 먼저 올려놓겠다는 아우성 속에 쌓아 올린 도시락들이 몇 층을 이루고, 점심시간이 되어 도시락 뚜껑을 열면 맨 아래 층 도시락은 밑바닥이 눌어붙어 있다.

이 스팀 뒤쪽 창문 주위에 베란다 식 공간이 있었고 이 공간에다 화분들을 배치하곤 했던 것이다. 학교에선 가끔씩 아이들에게 걸레 빗자루 수건 주전자 화분 칠판지우개 분필 등을 헌납할 자원봉사자들을 묻고는 했는데, 그러면 부잣집 아이들은 자발적으로 손을 들어 의사 표시를 했으나 그때도 가난한 집 아이들은 자신이 없었다. 그렇게 해서 무엇이라도 교실에 갖다 놓으면 그것으로 아이들은 내심 자긍심에 고양되곤 했던 것이다. 또 개중에는 선생님의 주문이 없어도 간혹 필요한 물건들을 자발적으로 헌납하여 선생님의 칭찬을 듣는 아이들도 있었다.

담임선생님께선 화초를 좋아하셨던 것 같다. 아무래도 화분 하나 없이 황량한 공간보다는 화분이 적당히 배치된 분위기가 보기에 좋으리라. 그때 우리 반 베란다 공간에는 화초가 별로 없었다. 그러던 중 한 아이가 화분을 들고 등교를 했다. 뜻밖이었던 것은 그때는 교실 내 비품들을 헌납할 희망자를 묻는 시기도 아니었거니와, 또 그 아이는 그런 자원봉사자로 간주되는 아이가 아니었기 때문이다.

학교라는 사회도 공부를 못하거나 가난한 아이들은 비주류 계층이 아니던가? 그런 아이가 화분을 들고 비어있는 공간에 갖다놓았다. 그리고 반 학우들이 아이의 이런 뜻밖의 행동을 주시했다. 표정으로 보아 아이는 부끄러워서인지 자기 행동에 고무되어서인지 얼굴이 좀 상기되었다.

조례 시간이 되어 담임선생님께서 입장하시고 주변 아이들이 화초를 들고 온 아이의 행동을 담임선생님께 보고했다.

　그런데 한 가지 문제가 있었다. 아이가 가져 온 게 생화가 아니었다는 것. 조화였다. 지금 시대는 조화 사용을 많이 하는 편이라 꽃 상점들에서 조화 취급도 하지만, 생화만을 배열하고 물을 주면서 화초의 성장 과정도 관상하던 당시 학교 관습에 그것은 이반되는 현상이었던 것이다. "선생님 아무개가 화분을 가져왔어요…" 이 말을 들으신 선생님께선 별 표정 없이 눈길을 돌려 화분을 보셨다. 한참을 쳐다보시던 선생님의 얼굴에 노기가 떠올랐다. "저거 조화 아냐!" 뜻밖이었다. 주변 아이들도 나도 선생님으로부터 나올 것이라고 기대한 반응이 아니었다. 우리들은 당연히 선생님의 칭찬을 기대하고 있었던 것이다. 선생님의 노기는 작은 것이 아니었다. 다음 순간 급기야 예상치 못한 상황이 벌어졌는데 선생님의 고함이 교실을 울렸던 것이다.

　"꽃을 가져오려면 살아있는 것을 가져와. 진짜 꽃을 가져오란 말이야!"

　교실의 아이들이 모두 아연실색했고 조화를 가져온 아이는 안절부절 못했다. 그렇지 않아도 부끄러운 듯 고무된 듯 긍정적 평가를 기대하던 아이는 선생님의 정반대의 반응에 실망과 수치심으로 좌절된 것이다. 안 된 일이었다. 측은함을 느꼈던지 아이들은 침묵했다. 이것은 살아오는 동안 내게 두고두고 잊지 못할 교훈이 되어 지금에 이르기까지 생생한 그림으로 남아있다.

엄밀하게 말하면 아이에게는 잘못이 없다. 이것을 보낸 부모에게도 큰 잘못이 있다고 할 수는 없다. 주의가 좀 부족했는지 몰라도 아이의 부모는 학교나 선생님을 모욕하려고 이것을 보낸 것은 아니다. 돈이 들었을 것이다. 자기 돈을 들여 무엇인가를 준비해서 상대에게 보낸다면 그것은 관심이지 모욕은 아니다. 그렇다면 뭐가 잘못됐다는 말인가? 굳이 잘못을 따진다면 부모의 생각이 짧았던 것이라고 할 수 있다.

부모는 교실 비품에 협력할 의도는 있었지만 지금 자라나는 아이들에게 생명체가 중요하다는 것, 선생님의 의도를 모르고 자의적 선택을 했다는 것이다. 그래서 담임선생님의 의식으로 볼 때에는 생명의 자리에 죽음이 들어왔고 진실의 자리에 허위가 들어온 것으로 비친 것이다. 그러나 그렇게까지 비약할 필요는 없다. 즉 그 부모가 학교에 조화를 보낸 행동에다가 생명이니 진리니 하는 거대 담론을 결부시킬 필요까지는 없다는 말이다.

취향에는 좀 불만족스러울지라도 그냥 성의로 받아두면 되지 않겠는가? 만일 정말로 생명과 진리의 중요성을 반 아이들에게 가르치실 요량이라면 좀 시간이 지난 후 그 자리엔 생화가 더 어울린다고 차분히 설명해주시면 될 일 아니겠는가? 공정하게 판단한다면 힘들게 교실 비품을 들고 온 아이에게 그렇게까지 고함을 지른 담임선생님의 행동도 정당하지 않을 것이다. 그날 그 아이는 괴로웠을 것이다. 마음의 상처를 안고 그날 그 아이는 쓸쓸히 집으로 돌아갔다. 그 후 언젠가 나는 선생님의 그런 행동이 생명과 진실의 중요성을 아이들에게 교육시키려는 의지의 발로였다면 그것은 선생님 나름대로의 충정이었을 것이라고 내 나름대로 정리를 해보았다.

3부 실천적 목적

결론으로 들어가자. 내가 꽃밭에 서있을 때 나는 살아있는 생명체들 가운데 서있는 것이다. 그렇다면 내가 꽃밭에 서있을 때 나는 그 꽃밭에서 다만 생명만을 경험하는 것인가? 아니다. 다만 생명만이라고 하기에는 거기 뭔가 결여된 게 있다. 사랑이다. 즉 내가 살아있는 꽃들의 꽃밭에 서있을 때 나는 다만 꽃들의 생명만이 아니라 그 꽃들의 사랑도 느끼는 것이다. 물론 꽃들이 의지적으로 나를 사랑하는 것은 아니다. 다만 의지적이든 비의지적이든 정상적인 생명 내부에는 사랑이 내포되어 있는 것이며, 그러기에 내가 꽃밭에 서있을 때 나는 꽃들의 생명만이 아니라 그 생명을 통해서 발산되는 사랑, 즉 하나님의 사랑을 받고 있는 것이란 말이다.

생명은 필연적으로 사랑을 발출시킨다. 왜냐하면 생명의 본질은 사랑이기 때문이다. 만일 생명이 사랑을 발출시키지 않는다면 그것은 생명이 아니거나 정상적 생명이 아닌 것이다. 그러기에 죄와 악으로 망가진 세상에서는 생명을 가진 인간들이 사랑이 아닌 악을 발출시키는 경우가 허다한 것이다. 한편 내가 생화의 밭이 아니라 조화의 밭에 서 있다고 가정해보자. 그건 무엇을 의미하는가? 내가 그 조화의 밭에 서있을 때 나는 거기서 생화가 뿜어내는 생명의 생기도 만날 수 없거니와 그 생명을 통해서 내게 전달하는 사랑의 기운도 경험할 수 없을 것이다.

내가 생화의 밭에 서있을 때 나는 거기서 생명과 사랑을 경험하지만, 내가 조화의 밭에 서있을 때 나는 거기서 죽음과 무감각을 만나는 것이다. 생화와 조화는 생김새가 비슷하지만 내부의 본질은 닮은 구석이 없다. 하나님의 본질은 생명이요 생명의 본질은 사랑이다. 그런 의미에서 우리가 이 세상에 들어왔다는 사실의 뜻을 생각하라. 우리가 이 세상에 보내졌다는 것은 생명의 영역으로 보내졌다는 것이며, 생명의 영역으로 보내졌다는 것은 사랑 때문에 들어왔다는 말이 된다. 우리는 사랑하기 위하여 또 사랑받기 위하여 이 세계로 들어왔다. 곧 우리는 사랑으로 부름 받은 것이다. 예수 그리스도를 통하여 삼위일체 하나님 안에서 영원한 생명을 받은 자들이 되어 영원한 기쁨으로 사랑하기 위하여.

사랑으로의 _____ 부르심

"하나님을 사랑하는 자 곧 그의 뜻대로 부르심을 입은 자들에게는 모든 것이 합력하여 선을 이루느니라"(롬 8:28).

어떤 사람이 멀리 있는 자기 개를 불렀다. 주인의 음성을 들은 개는 머뭇거림 없이 또 우회함 없이 음성이 들리는 방향을 따라 직행한다. 주인이 부르는 목소리의 방향으로 달려가는 것이 말하자면 개의 소명일 수 있다. 당신이 길가에 굴러다니는 조약돌처럼 방치된 존재가 아니라 높은 목적으로 부름 받은 자라는 명료한 의식을 가져본 적이 있는가? 그 순간 우리는 자기 인생에 대한 명징한 인식을 갖게 된다. 우리는 죽어라고 일만 하거나 또는 쾌락에 뒹굴기 위해서 짧은 목숨을 부여받아 이 지상에 보내진 것이 아니다. 구름을 잡기 위해 소중한 인생을 다 탕진하라고 보내진 것도 아니다. 우리에겐 창조된 목적이 주어졌고, 이 목적의 자리로 당신과 나는 부름 받은 것이다.

　들어봤는가? 당신 마음 깊은 곳에서 당신이 있어야 할 자리, 당신이 살아야 할 삶으로 부르시는 음성을. 또는 지금 당신이 사는 삶이 바로 당신이 살아야 할 삶이라는 인식, 반대로 지금 당신이 사는 삶은 당신이 살아야 할 삶이 아니라는 각성을 가져본 적은 없는가? 지금 자기가 하는 모든 일들이 도대체 무슨 의미가 있는가, 이렇게 이를 악물고 돈을 벌고 삶을 영위하고 성취하려고 하는 것이 모두 무엇을 위한 것이란 말인가, 하는 의식이 떠오른 적은 없는가? 살아있기 때문에 살아야 하는 것은 맞다.
　그러나 그런 논리는 우리의 깊은 곳의 질문이나 요구를 만족시킬 수 없는 답변이다. 그것은 우리 존재의 바탕에서 소리치는 부름에 부응하는 대답이 아니다. 우리 영혼 깊은 데서 부르는 부름은 내 입에 풀칠을 하는 것을 넘어, 재미있게 사는 것을 넘어, 만족하게 즐기는 것을 넘어 어떤 관계에 대한 응답을 요구한다. 즉 나의 욕구가 아니라 나 아닌 절대자의 요구에 대한 응답인 것이다. 내 안에서 나를 향한 욕구가 아니라 나의 밖을 향한 요구, 근본적으로 나라는 존재가 가능할 수 있었던 나를 둘러싼 관계의 만족을 위한 음성이 소리치는 것이다. "나를 둘러싼 관계"를 만족시키는 것이 무엇인가? 사랑이다.
　곧 나라는 존재는 근본적으로 나를 위한 것이 아니라 나를 가능케 했던 관계를 위한 것이며, 이 관계에 대한 인식과 자세는 사랑인 것이다. 누구를 위한, 무엇을 위한 사랑이라는 말인가? 이것은 성경으로 돌아가 우리를 창조하신 분의 소리에 귀를 기울이지 않으면 영원히 알 수 없는 신비다. 하나님은 삼위일체이시고, 이 사실은 관계를 의미한다. 즉 한 하나님 안에는 성부 성자 성령 삼위격이라는 관계가 존재하며, 이 삼위격은 한 하나님으로 연합하여 계시다. 이 삼위격의 관계가 우주의 신비의 근원으로서 우주 안의 만물은 서로 관계되어 있는 것은 삼위격의 관계에 그 뿌리를 둔다. 하나님 아버지께서는 창세 전에 아들 하나님 안에 또 다른 인격체들을 두기를 원하셨는데 이들이 하나님의 자녀들이다.

물론 이들은 또 다른 위격이 되는 것이 아니라 하나님의 자녀들로서 제 2위이신 예수 그리스도 안에서 하나님 아버지의 자녀로서 또 예수 그리스도의 신부 또는 소유로서 삼위일체 하나님 안에 포함되는 것이다. 그리하여 하나님은 삼위일체의 하나님이시지만 그 안의 관계는 아버지 아들 성령 자녀들의 관계로 형성되는 것이다. 이를 위하여 하나님의 계획과 창조와 구속과 완성이라는 거대한 드라마 펼쳐지는 것이다. 그리고 영원 전에 그리스도 안에서 예지 예정 선택된 자녀들을 시간 속에서 본격적으로 부르시는 것이다.

부름(소명-calling, vocation)이란 말의 어원은 라틴어로 목소리(voice)라고 하는데, 이는 곧 나를 부르는 목소리를 뜻하는 것이다. 나를 부르는 목소리란? 그것은 단순히 내 이름을 호명하는 게 아니다. 즉 수용소에서 사람과 사람을 구별하기 위해서 붙여주는 304번, 305번과 같은 뜻이 아니라는 말이다. 여기 철수라는 이름을 가진 아이가 있다고 하자. 이 아이가 방과 후 집으로 돌아와서는 동네 친구들과 놀고 있었다. 이 아이에겐 한 달 전 담임선생님으로부터 숙제가 주어졌는데, 그것은 한 달 동안 책 한 권을 읽은 후 독후감을 제출하라는 것이었다. 그런데 만기일이 거의 됐지만 아이는 노는데 정신이 팔려 독후감은커녕 책을 읽을 생각조차 하지 않고 있었다. 친구들과의 적당한 놀이는 좋은 일이지만, 무책임한 것은 좋지 않다고 판단한 엄마는 오늘 아이가 놀고 있는 쪽을 향해 아이 이름을 불렀다.

"철수야!" 놀고 있던 아이가 엄마의 음성을 듣고는 "네, 엄마!"하고 엄마에게 달려갔다. 엄마는 아이를 불렀고 아이는 엄마의 음성에 반응했다. 이때 엄마 입에서 떨어진 "철수야!"라는 세 음절은 엄마가 다른 아이들과 구별하여 자기 아들을 지명한 적절한 수단이 된 것이다. 그렇다면 이 때 엄마 입에서 흘러나온 "철수야!"라는 목소리는 무슨 뜻을 포함하고 있는 것일까? 엄마는 "철수" 아닌 다른 이름으로 부르지는 않았다. 즉 엄마는 자기 아이에게 "철통아!", "철도야!", "철판아!", "철면피야!", "돼지야!" "요놈아!", "깐돌아!" 등 철수 아닌 다른 이름으로는 부르지 않았다는 말이다. 또 비록 동일한 이름을 가진 아이들이 거기 있었다 하더라도 엄마의 호명은 자기 아들이라는 인격을 향한 것이었다.

이때 엄마가 부른 "철수야!"에는 자기 아이의 구별된 인격 뿐 아니라 나아가 그 아이가 해야 할 일까지 내포되어 있다. 즉 "내 아들 철수야! 너는 해야 할 숙제가 있는 아이다. 그것은 다른 사람이 해야 할 일이 아니라 바로 네가 해야 할 일이다. 그런데 너는 그 일을 까맣게 잊고 노는데 열중하고 있구나. 그 일을 완성하려면 지금 네가 있어야 할 자리는 거기가 아니다. 집으로 돌아오너라." 라는 뜻이 담겨있었던 것이다. 자기의 의무를 까맣게 잊고 놀고 있는 아이의 의식을 일깨워서 그 의무 수행의 자리로 돌아오게 하려는 목소리가 곧 "철수야!"였던 것이다. (철수)는 곧 (철수의 인격)+(철수의 삶)이었던 것이다. 그런 의미에서 "철수야!"는 철수의 소명이다.

다른 예를 하나 들어보자. 당신이 아름다운 노랫소리를 들으려고 한 쌍의 카나리아를 사서 새장을 베란다 화초들 사이에 놓아두었는데, 그런데 이 새가 한 달이 지나도록 울지 않는다고 하자. 당신이 새를 산 것은 새 자체에도 목적이 없었던 것은 아니지만 더 큰 목적은 새의 노랫소리였다. 그런데 카나리아가 울지 않는다면 당신이 카나리아를 산 제1의 목적은 좌절되어버리고 만 것이다. 그것은 당신 실망의 문제를 넘어서 카나리아 정체성의 문제이기도 하다. 카나리아는 카나리아의 울음소리다.

카나리아에게 있어 이 두 개념은 하나로 종합되어 있다. 카나리아는 그 독특한 울음소리로 그 정체성을 인정받기 때문이다. 그래서 그 울음소리를 듣기 위해 당신은 그 카나리아를 산 것이기 때문이다. 카나리아는 카나리아답게 울어야 하는 것이 카나리아의 정체성이라면 그런 정체성으로의 부름이 카나리아의 소명인 것이다. 소명이란 하나님께서 그 사람을 창조하실 때 그 사람에게 독특하게 부여하신 삶의 자리에 서라고 부르시는 하나님의 부르심인 것이다.

곧 소명이란 그에게 그가 되라고, 그의 삶을 살라고 부르시는 하나님의 목소리다. 이 목소리를 의식하는 것을 소명의식이라고 한다. 사람이 그 목소리를 듣고 자기 자리를 찾아 설 때 그 사람은 자기 소명에 일치된 존재가 되지만, 그 목소리를 분별하지 못하고 헛된 곳을 헤맬 때 자기 소명에서 벗어난 존재가 된다. 사람은 자기 소명의 자리에 서있을 때 존재감이 충족되고, 소명과 무관한 위치에 있을 때 존재감은 결여된다. 존재는 곧 소명이다. 그리고 부름 받은 모든 사람의 공통적 소명은 "하나님을 사랑함" 그리고 하나님을 사랑하는 마음으로 "이웃을 사랑함"이라는 두 대상을 향한다. 이것은 사랑이 많은 자에게나 적은 자에게나 동일한 진리다.

그런 의미에서 자기의 인생을 점검해보자. 내가 보내진 이 세상에서 내 인생은 당위성을 찾은 것인가, 하는 것이다. 즉 "나는 마땅히 되어야 할 것이 되었는가?", "나는 마땅히 사랑해야 할 것을 사랑하고 마땅히 사랑하지 말아야 할 것을 사랑하지 않고 있는가?", "나는 마땅히 앞세울 것을 앞세우고 마땅히 뒤세울 것을 뒤세우고 있는가?" 일한다는 것은 중요하다. 그러나 일한다는 것보다 중요한 것은 자기가 하는 일의 근본적 동기와 목적이다.

근본적 동기와 목적을 위해 하는 일이 자기가 살아야 할 인생이기 때문이다. 자기가 해야 할 일을 유기하는 것은 자기를 창조하여 세우신 분과 자기 자신에 대한 배신이요 범죄다. "네 인생을 창조하라!", "네 꿈을 성취하라!", "위대한 목표를 세워 돌진하라!", "당신은 할 수 있다!"는 등의 선동적인 문구들은 폐기처분하라. 그렇게 말하는 자들은 사실 하나님의 것인 당신의 인생을 도둑질하여 당신 마음대로 주물럭거리라고 가르치고 있는 것이다. 그것은 사랑이 아니라 사기며, 처음 인류 타락의 정신으로 이끌고 가는 행위다.

젊은 날 되는대로 살던 사람도 나이가 들면 자기 인생을 되돌아보게 되지 않는가. 타성에 젖은 업무를 끝내고 퇴근하던 어느 날, 또는 자기 방에 누워서 한가하게 천정을 바라보던 어느 날, 또는 친구의 장례식을 마치고 돌아오는 길에서, 또는 계절이 변하는 길목에서 어느 순간 사람의 마음에는 가을바람 같은 질문이 찾아온다. "지금껏 정신없이 살아왔던 내 삶이 과연 내가 살아야 할 삶이었던가? 나는 과연 내가 마땅히 되어야 할 나였던가?" 이상한가? "무슨 뚱딴지같은 소리야. 나쁜 짓 안 하고 열심히 살아왔다면 그것으로 된 거지 뭐 자기 인생이란 게 따로 있나?"라고 반문하지 말라.

그냥 열심히 사는 것은 우리의 소명이 아니다. 그렇다고 유별난 인생 방식을 상상할 필요는 없지만, 요컨대 우리의 인생은 우리를 향한 하나님의 사랑을 바탕으로 하여 하나님을 사랑하고 다음으로 이웃에 대한 사랑을 구현하는 것이어야 한다는 것이다. 하나님이 우리를 그리스도 안으로 부르신 것은 그리스도 안에서 영원한 생명을 가지고, 영원한 생명 안에서 영원한 사랑을 하라고 부르신 것이다. "내 사랑 안에 거하라(요 15:9)", "하나님을 사랑하는 자, 곧 그의 뜻대로 부르심을 입은 자" 이것이 신자의 정체요 삶이요 소명인 것이다.

소명이란 그에게 그가 되라고,
그의 삶을 살라고 부르시는 하나님의 목소리다.

인간은＿＿＿＿＿사랑을 입었다

　마귀가 가룟 유다의 마음에 "예수님을 팔려는 생각을 넣었다"는 요한복음 13장 2절의 이 구절. 이 말씀은 몇 가지 좀 복잡한 생각을 하게 만든다. 첫째, 사람이란 자발적으로 선택하는 존재가 아니란 말인가? 둘째, 사람이 자발적으로 선택하는 존재가 아니라면 가룟 유다에게 그런 배신행위의 책임을 물을 수 없지 않은가. 셋째, 자발적인 선택을 할 수 있다면 어디까지가 한계선이란 말인가? 그런데 성경은 가룟 유다에게 "예수 팔자", "나지 않았더라면 좋았을 사람", "도둑" 등의 불명예스런 별명을 붙여주었다.

　가룟 유다에게 도의적 책임이 없다면 이런 부정적 수식어는 부당한 것이다. 그런데도 성경이 이런 수치스런 별명으로 가룟 유다를 규정했다는 것은 그에게 인간적 책임이 있음을 뜻하는 것이다. 성경을 들먹이지 않아도 보통 상식으로도 가룟 유다의 행위가 부당한 것이라는 것을 부정할 수 없다. 그렇다면 마귀가 유다에게 "예수님을 팔려는 생각을 넣었다"는 문구는 어떻게 해석해야 하는가? 여기서 우리는 인간 안에 움직이는 어떤 역학관계를 볼 수 있다. 사람은 하나님이든 하나님이 아닌 존재든 다른 영적 존재와 미묘한 상관관계에 놓여있다. 인간은 의존적 또는 수용적 존재라는 사실, 그래서 인간은 자기 외의 어떤 영적 실재로부터 모종의 영향력을 받아들이고 지배되는 역학관계 말이다.

이 과정이 강제적으로 이루어지는 게 아니라는 점에서는 자유지만 그러나 자신이 선택한 것에 지배된다는 점에서는 종속이다. 구원의 과정은 이렇다. 인간은 모두 타락하여 무력한 상태에 처해 있다. 그런데 예수 그리스도의 대속의 죽음은 모든 사람들에게 그 은혜에 반응할 수 있는 동기와 힘을 부여한다. 즉 예수 그리스도의 십자가 은혜는 인간이 그리스도의 은혜를 수용하거나 거부할 수 있는 정도로 반응할 수 있는 힘을 일으킨다. 그가 그리스도의 은혜에 반응하여 회개하고 그리스도를 자신의 주님으로 영접하는 선택을 한다면 그에게 구원의 은혜가 적용되어 그는 그리스도와 연합된다. 그리스도와 연합되는 순간 그는 그리스도 안에서 영원한 생명을 얻어 하나님의 자녀가 되는 것이다.

반면에 그 은혜에 반응하지 않고 배타한다면 하나님의 은혜는 그에게 적용되지 않고 구원은 그에게서 멀어진다. 하나님은 전능하시지만 사람의 의지에 강압을 행사하지 않으시고 각자의 의지에 맡기신다. 악령 역시 인간의 허락 없이 제멋대로 인간을 점령하거나 지배할 수는 없다는 원칙이 설정되어 있다. 따라서 인간 구원의 절대적 조건은 예수 그리스도의 십자가 사역으로 말미암은 은혜요, 그 은혜로 말미암아 주어지는 믿음으로 반응함이다. 가룟 유다는 인간을 구원하기 위해 오신 메시야이신 하나님의 아들 주 예수님께 단 한 번의 신앙도 감사도 찬양도 표현한 적이 없다.

조금 더 들어가 보자. 가룟 유다는 3년 동안 스승을 따라다니면서 예수 그리스도의 신성을 경험했다. "말씀이 육신이 되어 우리 가운데 거하시매 우리가 그의 영광을 보니 아버지의 독생자의 영광이요 은혜와 진리가 충만하더라(요1:14)" 그리스도로부터 나오는 신성과 은혜와 진리를 목격했다. 들었다. 체험했다. 이는 어둠 속에 타오르는 횃불처럼 너무도 분명한 것이며 부정할 수 없는 것이었다.

조금만 관찰해도 그분이 하나님의 신성을 소유하신 하나님의 아들이라는 사실을 확인할 수 있었다. 따라서 그리스도를 만난 사람이라면 자신이 만난 이 그리스도가 곧 하나님이요 자기 인생을 귀속시킬 주님이시라는 불가피한 결론에 도달해야 한다. 그분이 자신이 믿으며 사랑하며 경배하면서 살아야 할 대상으로 말이다. 그러나 멸망하는 인간은 이 결론을 거부하는 반응으로 일관한다.

가룟 유다의 반응은 이해할 수 없는 것이었다. 그는 주님 공생애의 막바지에 자기의 세속적 욕망이 성취될 기미가 보이지 않자 은 30량이라도 건질 요량으로 주님을 악인들에게 팔아버린다. 나는 이런 생각을 하곤 했다. 이런 일이 어떻게 가능할까…? 그러다가 도달하는 결론은 인간의 악의적 자율성이다. 즉 아무리 하나님의 은혜와 예수 그리스도의 영광에 맞닥뜨려도 그 은혜와 영광에 사로잡힘을 거절할 악의를 행사하는 사람들이 있는 것이라고. 아무리 무한한 사랑을 경험해도 그 사랑에 어느 정도의 의미를 부여하느냐 하는 것을 결정하는 것은 그 사람의 자유라고. 그러나 반면에 한번 예수 그리스도 안에 있는 하나님의 사랑에 자신을 귀속시킨 사람은 영원히 주님과 연합되며 그의 구원을 상실할 수 없도록 하나님의 생명을 주시고 성령을 부어주시는 것이라고. 그런데 가룟 유다에겐 그리스도의 신성과 그 안에 있는 사랑보다 자기의 더러운 욕망이 더 중요한 관심사였다는 데에 문제가 있는 것이다. 가룟 유다 안에 있는 더러운 동기가 그리스도의 은혜와 영광을 밀어내며 모욕했다. 그가 그리스도를 따라다니는 동안 사실 그의 관심은 그리스도 자체보다 그리스도로 말미암는 이익이었고 자기 자신이었다.

이런 사실이 결정적으로 드러난 것이 베다니 마리아가 값비싼 향유를 주님께 부어드릴 때였다. 그때 그는 자기의 죄스런 마음가짐에 부끄러움을 느끼고 회개했어야 했지만, 돈을 가로챌 기회를 놓친 사실에 대해 불같이 화를 냈다. 왜 그 돈으로 가난한 사람들을 돕지 않았느냐는 위선적 명분을 들이대면서. 평소에 그가 가난한 사람에게 일말의 관심이라도 있었던가? 또 선행을 하려면 자기 것으로 해야지 왜 남의 것을 가지고 이러저러해야 한다고 훈계를 하는가? 그는 사랑을 입었다. 끝까지 그의 회개를 기다리며 마지막 순간에도 친구라고 불러주실 만큼 예수님은 그에게 진실하셨다.

그런데 가룟 유다는 그런 그분에게 단 한 번도 진실한 적이 없었고, 단 한 조각의 감사도 느껴본 적이 없었다. 눈이 뒤집힌 그는 그리스도를 자신의 주님으로 영접할 수 있는 기회를 다 날려버렸다. 자기를 구원하기 위해 이 세상에 오신 그리스도에게보다 자기를 파멸시킬 사탄에게 마음을 열었다. 어떻게 이런 일이 일어날 수 있느냐고? 그렇다, 이런 일이 가능한 존재가 인간이다. 인간에게 발생할 수 있는 최악의 현실이 가룟 유다에게 발생한 것이다. 기회를 노리던 사탄은 가룟 유다에게 결정적인 못을 박았다. "그를 팔아라!", "네가 스승을 그렇게 따라다녀도 네 관심을 만족시킬 가능성이 없다면 최소한의 것이라도 건지는 것이 현실적이다." 라는 사탄적 논리에 자신을 팔았다. 그래서 그는 악한 유대지도자들에게 헐값을 받고 예수님을 팔아버렸다. 그리곤 세상에 태어나서는 안 될 자가 된 것이다. 요컨대 가룟 유다의 인생이란 그의 악함과 사탄의 충동질이 결합한 더러운 합작품이었던 것이다. 그러니 가룟 유다 자신 말고 누구에게 자기 파멸의 책임을 묻는다는 말인가? 간혹 가룟 유다는 스승으로 하여금 정치적 메시야의 길을 가게 하기 위한 충정에서 배신을 가장했다는 허황된 해석을 하는 사람들이 있는데 가히 저능아적 해석이다. 인간은 스스로 신앙을 만들어낼 수는 없다. 그러나 진리에 대한 태도는 누가 대신해 주는 게 아니라 자신의 몫인 것이다.

어느 해 겨울 나는 눈 내린 길을 걷고 있었다. 도로 양쪽으로 제설이 된 사잇길로, 또 질퍽하게 눈이 녹아있는 길로 나도 걷고 다른 사람들도 걸었다. 공원을 지나다 보니 벌거벗은 나뭇가지엔 한두 개 말라버린 나뭇잎이 대롱대롱 붙어있었고, 얼마 전까지 옹기종기 모여 계시던 노인들도 눈 쌓인 공원엔 보이지 않았다. 눈 내리는 잿빛 하늘에는 푸른빛이 보이지 않는다. 장마철 우기, 회색 구름이 광대하게 뒤덮은 공간 역시 파란 하늘이란 게 있었던가 싶을 정도로 인간의 시야를 가로막는다. 요즘엔 도시의 분진이나 미세먼지로 가시거리가 짧은 날들도 허다하다. 나아가 추위도 눈도 구름도 안개도 미세먼지도 없더라도 사는 것에 몰두하다 보면 우리는 하늘이 있다는 사실도 태양이 빛나고 있다는 사실도 주목하지 않는다. 돋보기안경을 끼고 신문에 골몰하는 노인처럼 코끝의 현실에다가 매몰된 태도로 삶의 시간들을 묻어버리는 것이다.

그날도 태양은 말없이 빛났다. 눈 내리는 겨울 하늘에도, 비구름 덮은 여름 하늘에도, 미세먼지로 시야를 가려버린 사계절 하늘에도, 우리가 무관심한 태도로 하늘을 주목하지 않을 때도 인간의 태도에 아랑곳하지 않고 태양은 조용히 빛을 내려준다. 의인에게도 악인에게도 비춰준다. 진리는 인간보다 아름답다. 인간은 조건적이지만 진리는 무조건적이다. 인간은 변덕스럽지만 진리는 변함이 없다.

진리를 무시하면서까지 그렇게 몰두하는 인간사라고 해봐야 대부분 허접한 것들이건만, 인간의 무관심이나 무시에도 불구하고 태양은 그런 인간이 살아갈 수 있도록 빛과 열을 내려준다. 심지어 진리엔 추호도 관심 없고 더러운 욕망과 속임수로만 인생을 일관한 악인들 위에도 태양은 다른 멘트 없이 빛을 내려준다.

진리란 무엇인가? 하나님이다. 그럼 하나님을 떠난 이 세상은 무엇인가? 가룟 유다의 세상이다. 그런데 하나님을 사랑하고 감사해야 하는 인간의 도리를 저버리면서까지 별것도 아닌 인간사에 광분하는 이 세계 위에 하나님은 자비의 빛을 내려주시는 것이다. 먼저는 자연의 은총이다. 동서고금을 막론하고 인간을 비롯한 모든 피조의 세계에는 대가를 요구하지 않는 자연의 은총이 주어진다. 그리고 특별은총이다. 이것은 누구에게나 주어지는 자연은총과 달리 예수 그리스도를 믿는 자, 택함을 받은 자에게 주어지는 예수 그리스도 안에 있는 구원의 은총이다. 이 두 은총은 값없이 주어진다. 이 세상에 정말로 중요하고 고귀한 것은 값으로 환산할 수 없다. 하나님은 인간을 사랑하셨고 인간은 이 사랑을 입었다. 이 사랑은 값을 초월한다. 이 사랑은 소리치지 않는다.

이 사랑은 광고하지 않는다. 이 사랑은 알아달라고 구걸하지 않는다. 심지어 이 사랑은 하나님이 어디 있느냐고, 하나님은 인간의 땅을 간섭하지 말고 떠나라는 말로서 악인들에게 침 뱉음까지 당한다. 그러나 이 사랑은 태양처럼 항상 조용히 그 자리에서 빛난다. 그날 태양을 바라보면서 나는 감사했다. 오늘도 그 빛에 의지하여 지상의 길을 걷는다.

이 세상에 정말로 중요하고 고귀한 것은 값으로 환산할 수 없다.

하나님은 인간을 사랑하셨고 인간은 이 사랑을 입었다.

이 사랑은 값을 초월한다. 이 사랑은 소리치지 않는다.

사랑은_____동기다

여기 공원 벤치에 앉아서 커피 한 잔을 마시는 사람이 있다고 하자. 외견상 그것은 그냥 커피를 마심이다. 그래서 그를 보는 사람들은, 한 사람이 공원에 왔다가 벤치에 앉아 커피를 즐기고 있구나 하는 정도 이상의 의미는 갖지 않을 것이다. 그러나 사실 그 사람이 커피를 마시는 단순한 행동도 파헤쳐보면 거기에 여러 가지 동기가 숨어있을 수 있다.

첫째, 단순히 커피를 마시고 싶어서 커피를 마셨는데 뜻하지 않게 거기가 공원이었다는 것. 둘째, 공원 분위기의 운치를 좀 더 음미하고 싶어서 커피를 마시는 것.

셋째, 커피나 공원 따위에는 무관심하지만 그냥 따뜻한 것이 마시고 싶어 공원 매점에 갔더니 커피 밖에 없기에 커피를 사가지고 와서 마시는 것.

넷째, 공원 벤치에 앉아서 커피를 마실 때와 집에 앉아 마실 때의 기분이 어떤 차이를 주는지 알고 싶어서 커피를 마시는 경우.

다섯째, 헤어진 애인과 옛날 이 자리에 앉아서 커피를 마시던 추억을 더듬어보기 위해서 커피를 마시는 경우.

여섯째, 공원으로 나왔는데 갑자기 풍치로 아파지는 이의 통증을 좀 완화시켜볼까 해서 커피를 마시는 경우. 일곱째, 공원 벤치에 앉아서 커피를 마실 때 시상이 제일 잘 떠오르는 시인이 시상을 얻기 위해 커피를 마시는 경우.

여덟째, 지금 어떤 배우가 공원 벤치와 주변 환경을 배경으로 커피 마시는 장면을 연출하고 있는지도 모른다.

아홉째, 벤치에 앉아 다리를 꼬고 앉아서 커피를 마시는 자기 모습이 멋있다고 생각하며 주변 사람들에게 보여주고 싶은 망상이 발동했을 경우. 아무도 그에게 관심이 없는데 말이다. 열째, 폼 나게 커피를 마시면서 혹시 마음에 드는 여자를 유혹해 볼 수 있을까 하는 나쁜 의도에서 커피를 마시는 경우.

열한째, 지금까지 열거한 모든 이유와 상관없이 아무 생각도 없이 그냥 커피를 마시고 있는지도 모른다. 이 외에도 이유는 더 있을 수 있다. 이 중 하나의 동기만으로 커피를 마실 수도 있고 몇 개의 동기를 가지고 커피를 마실 수도 있다. 사람의 행동엔 하나 이상의 동기가 섞여 있을 수 있기 때문이다. 그가 어떤 행위를 할 때 그런 행위의 동기는 보이지 않고 그 행위의 외피는 다른 사람의 것과 별다르지 않다.

그러나 우리가 밖으로 나타난 행위 저 깊숙한 곳에서 작용하는 그 사람의 동기까지 볼 수는 없지만, 시간을 두고 그 사람 행위의 과정을 지켜

보면 그 사람의 숨은 동기가 드러나기 시작한다. 즉 동기는 최초로 작용하지만 최후에 드러난다. 동기는 행위의 씨앗과 같은 것으로서 모든 인간의 행위란 그 행위가 발생하게 된 동기가 있는 것이다. 작게 보이는 일들이 위대한 동기를 지니고 있을 수도 있고, 거창하게 보이는 일들이 하찮은 동기를 지니고 있을 수도 있다.

그래서 어떤 행동의 진정한 동기를 판독할 때까지 그 행동의 가치를 평가하기는 쉽지 않다. 고상한 사람은 그 마음에 품은 동기가 고상하지만 저열한 사람은 그 마음에 품은 동기가 저열하다. 이 세상에서 인간의 행위가 정당한 평가만 받는 것은 아니지만, 항상 선한 동기를 따라가노라면 올바른 평가를 받든 아니든 결국 선한 열매를 거두게 될 것이라는 게 보편적인 진리다. 그러기에 당신이 어떤 행위를 하려고 하거나 어떤 진로를 선택할 때는 먼저 그 동기를 물으라. 즉 왜, 무엇 때문에 나는 이 일을 하려고 하는 것인가 하는 것 말이다.

인간 행위의 동기는 크게 세 가지로 나눌 수 있다.

첫째는 이기심이다. 즉 그 사람이 그런 행동을 하는 것은 자기의 영예나 실제적인 이익 때문인 경우를 말한다. 한 어린애가 자기 집 현관에 어지럽게 흩어진 신발을 다 정리하고는 안쪽을 자꾸 기웃거린다. 거기 있는 어른들로부터 칭찬의 말이나 칭찬의 선물을 받기 위해서다. 어린애를 주목하는 사람이 하나도 없자 시무룩해지던 아이가 자신을 쳐다보고 있는 어른들이 있으면 얼굴에 홍조가 돌면서 기분이 좋아진다. 이 아이가 성장하여 사회의 저명인사가 되었다. 국회의원이 된 그는 지역 발전을 위하여 열심히 뛰면서 홍수 피해나 태풍 피해 때마다 나타나 자선금도 많이 기부했다. 그러던 어느 해 그가 국회의원 선거에서 낙선하자 지역에 대한 그의 관심은 완전히 끊어졌다. 그는 아주 무관심하고 인색한 마음으로 가까운 고아원이나 양로원이나 지역 주민에게 조금도 기부하기를 꺼려하는 사람이 된 것이다.

그렇다면 이 사람이 국회의원 시절에 했던 자선행동은 다음 선거에 유리하도록 인기 관리를 한 셈일 뿐 아니겠는가. 비록 억지로 또는 위선적 목적으로 자선을 한다 하더라도 하지 않는 사람보다는 낫기는 하지만. 한 푼도 내지 않으면서 뒤에 앉아 그것은 진심이 아니라느니 위선이라느니 하는 사람보다 차라리 위선자라는 소리를 들으면서도 자선에 참여하는 게 조금은 낫지 않을까? 소위 이 위선자들에게는 표면적 액션이라도 있었지만 판단만 하는 사람에게는 액션이라는 게 없기 때문이다. 그 액션이란 비록 억지로라도 자기 주변과의 관계를 의식했다는 말 아니겠는가? 하지만 어쨌거나 행위를 떠받치는 선한 동기가 없다면 그의 행동은 진정한 열매로 이어지지 못할 것이다.

둘째는 의무감이다. 의무감이란 보편적 도리 의식이다. 즉 의무감이란 "이렇게 해야 한다!"는 도덕적 의식에서 발로된 명령이라는 말이다. 피곤한 몸을 이끌고 지하철에 올라 자리를 잡고 앉았는데 다음 정거장에서 한 백발노인이 타셨다. 이때 그 노인에게 자리를 양보하려고 일어나는 사람들의 마음 속 동기는 대부분 내가 지금 언급하려고 하는 몇 가지 중 하나일 것이다. 그 중 하나가 의무감이다. 노인을 본 젊은이가 반드시 일어나 노인에게 자리를 양보해야 한다는 법칙은 없다. 계속 앉아있다고 해서 그런 행동이 범죄가 되거나 누군가에 의해 고소를 당하거나 하는 것도 아니다. 자기도 지금 피곤한 상태 아닌가. 노인 뿐 아니라 현대를 살아가는 사람은 남녀노소 할 것 없이 모두 다 피곤한 인생을 짊어지고 있지 않은가. 이런 마당에, 또 한 정거장 밖에 앉지 못했던 자기에게 누군가 저 노인을 위해 자리를 양보하라고 한다면 좀 야박한 것 아닌가? 그런 심정으로 그는 못 본 척 그냥 눌러 앉아있었다.

그런데 범죄도 아니요 지탄 받을 일도 아니라고 생각했던 이 행동이 그의 마음을 불편하게 만들기 시작했다. 어색한 기분을 억누르며 어정쩡하게 앉아서 자기 일을 보던 그는 드디어 한 정거장이 지난 후 일어나 노인에게 자리를 양보했다. 하지만 어떤 사람은 이런 갈등을 피하려고 애초부터 노인을 보자마자 일어나기도 한다. 이 두 경우 모두에게 작용한 심리는 의무감이다. 누구 하나 자기를 주목해보지 않아도 인간의 마음속엔 그의 행동을 감시하거나 고발하는 무엇인가 있다. 이 무엇이란 게 단순히 사회적 관습일까? 교육의 효과일까? 그래서 가끔 인간의 도덕이란 게 교육의 결과나 인간의 고안품에 불과하다고 하는 어리석은 주장이 고개를 쳐들기도 하는 것이다.

조금만 더 생각해보자. 그렇다면 왜 굳이 인간은 그런 고안품을 만들려는 생각을 하는 것일까? 외부적 강제 요인은 아무 것도 없지만 이 우주 안엔 인간으로 하여금 그런 고안품을 만들 수밖에 없도록 하는 무엇인가가 있기 때문이 아닐까? 바꿔 말하면 인간이 필요에 따라 도덕률을 만드는 것이 아니라 인간 안의 도덕률이 인간에게 도덕적 의식을 일으키는 것이다. 이 도덕률이 자연법이다. 이 자연법이 노인 앞에 앉은 젊은이의 마음을 불편하게 해서 노인에게 자리를 양보하게 하는 결과를 끌어내는 것이다. 그러나 이 도덕률은 최대한의 것이 아니라 최소한의 것으로서,

도덕률이 인간에게 의무 의식은 주겠지만 충만은 줄 수 없기 때문이다.

　셋째는 사랑이다. 이것은 이기심도 아니요 의무감도 아닌 전혀 다른 동기다. 사랑은 자신의 영예나 실리에 집중하지 않으며, 그렇다고 내키지 않는 것을 도덕 감정을 발휘해서 하지도 않는다. 사람이 이런 마음의 상태를 가지는 것은 쉬운 일이 아니지만, 하나님의 은혜 안에서 거듭나고 진리 안에서 형성된 인격 속에는 이 사랑이 자리 잡게 된다. 진정한 사랑은 본성상 사랑, 그 자체 외에는 다른 어떤 이유도 갖지 않으며, 그렇기 때문에 사랑은 자유다. 진정으로 사랑하는 사람이라면, 사랑때문에 사랑하는 것이지 사랑 외에 다른 어떤 동기도 배제하는 것이다. 이 사랑으로 인간의 마음은 충만해진다.

　자선사업을 열심히 하고 신앙생활을 독실하게 하는 한 사람이 있었다. 어느 날 낙담한 얼굴이 되어 다시는 선행을 하지 않겠다고 투덜거리면서 귀가하는 그를 보고 아내가 물었다. "왜 그러시는데요?" 그의 대답은, "사람들이 도무지 내 마음을 알아주지 않아!"라고 하면서 "도대체 신앙생활을 해도 내 경제적 상태는 변하지 않는구면!"라고 덧붙였다. 이해한다. 많은 신자의 경우 이것은 가능한 이야기다. 자기의 선행이 오해되거나 푸대접을 받게 되면 마음이 상하고 나아가 복수 심리까지 품게 될 수도 있다.
　또 성실한 신앙생활에도 불구하고 어려움이 장기화되면 그의 신심은 흔들리고 회의에 빠질 수도 있을 것이다. 그러나 그 지점에서 그는 반성해야 한다. 그가 정말로 선을 행하고자 했다면, 그가 정말로 예수 그리스도를 믿고자 결의했다면 그는 그 지점에서 자기 삶의 진정한 동기를 점검해볼 필요가 있을 것이다.

"왜 나는 이런 행위를 하려고 하는 것일까?", "내 행동의 참된 동기는 무엇일까…?", "신앙생활은 왜 하려고 하는 것이며, 자선의 동기는 무엇인가?" 복인가? 의무감인가? 사람들의 존경인가? 사람은 인생 여정에서 단 하나의 절대적 근거 위에 서서 단 하나의 절대적 동기로 행하지 않는다면 반드시 좌절의 순간을 맞게 될 것이다. 그 하나의 절대적 근거가 예수 그리스도 신앙이요, 그 하나의 절대적 동기가 사랑이다.

축복을 기대하고 시작한 신앙생활에 가난과 실패가 찾아온다면 그가 무슨 명분으로 신앙생활을 지속할 수 있겠으며, 칭찬을 바라고 한 행동에 대해 비난이 돌아온다면 그가 무슨 힘으로 선행을 계속할 수 있겠는가? 그러나 그런 동기에서 벗어나지 않는 한 그의 좌절감은 필연적인 것이다. 하나님 신앙과 은혜에 대한 감사만이 자신에게 발생하는 불편한 현실과 결과를 해석하고 넘어설 동력을 제공한다. 사랑과 칭찬을 받기 위해서 선행을 하는 것이 아니라 사랑과 칭찬을 받았으니 선행을 하는 것이다. 축복을 받기 위해서 성실하게 사는 것이 아니라 사랑을 받았고 축복을 받았기에 성실하게 사는 것이다. 선행으로 말미암은 어떤 물리적 결과를 바라고 선행을 하는 것이 아니라 선 자체를 사랑하기 때문에 선행을 하는 것이다.

신앙생활은 하나님으로부터 사랑과 보호와 공급을 받는다. 그러나 이 사랑과 보호와 공급 때문에 신앙생활을 하는 것이 아니라 하나님 아버지의 사랑과 예수 그리스도의 십자가 희생을 통한 무한한 은혜를 입었기에, 그래서 하나님을 사랑하기에, 예수 그리스도를 사랑하기에 신앙생활을 하는 것이다. 하나님은 사랑이시기에 나를 사랑하시고, 성령께서 내 안에서 사랑을 일으키기에 나는 그분을 사랑하는 것이다. 영적 생명체의 핵심은 사랑인 것이다.

구원된_____사랑

　한 사람의 종교적 열정가가 있다. 그의 열정이란 자기 신념에 대한 것이요 그 신념이란 유대인의 율법과 전통에 대한 자부심이다. 곧 유대교였다. 그는 그 나라 최고의 위대한 율법 학파 제자였다. 그에게 자기 나라의 율법과 전통보다 상위가치는 없었고, 그 율법과 전통에 대한 헌신보다 더한 인생 가치는 없었다. 한 마디로 그는 유대교를 위해 존재하는 사람이었다. 그랬던 그의 눈에 괴이한 현상이 보이기 시작했다.

　나사렛 예수라는 사람으로 말미암은 신앙적 열풍, 한 마디로 혁명이었다. 그 추종자들의 말에 의하면 이 나사렛 예수는 가난한 자 병든 자 천대받는 자 등 모든 약한 계급의 사람들을 존중하고, 병든 자를 고치며 귀신 들린 자에게서 귀신을 쫓아내는 등 전대미문의 역사를 일으켰다는 것이다. 게다가 이 나사렛 예수는 자기가 절대적으로 신뢰하는 전통 따위를 무시하고 율법마저도 새롭게 해석하고 자기가 존경하는 바리새인 제사장들을 질책하는 등 도무지 인간의 제도와 권위를 두려워하지 않는다는 것이다.

그보다 더 황당한 것은, 사람들은 이 나사렛 예수가 곧 하나님의 본성을 가지신 하나님이요 하나님의 유일한 아들이라고 믿으며, 그가 유대인들에 의해 십자가에 못 박힌 후 삼일 후 부활하셨고 40일 후에 승천하셨다는 것이다. 예루살렘과 유대 전역엔 예수 그리스도라는 이름이 요원의 불꽃처럼 번져나가고 있는 것이었다. 유대교에 의하면 구약의 여호와 외에 하나님은 있을 수 없고, 구약의 여호와 외에 누군가를 하나님이라고 칭하는 것은 신성모독 죄로서 사형감이었다. 이 모든 상황에 접한 이 열정가의 눈에는 불꽃이 일었다. 유대교에 대한 자긍심이 심하게 상처받은 그는 이를 악물었다. 대제사장 등 당시 유대 권력자들과의 관계로 말미암아 일종의 힘을 지닌 그는 그 힘으로 나사렛 예수를 믿는 도당들을 박살내기로 결심했다.

그래서 수많은 그리스도인들을 체포하여 옥에 넘겼으며 고문했으며 형벌을 가했다. 그리고 사도행전 7장에 나오는 신실한 집사 스데반을 돌로 쳐 죽이는데 앞장을 섰다. 그럼에도 분이 풀리지 않았다. 그리하여 그는 대제사장에게 권한을 위임받아 흩어진 그리스도인들을 체포하기 위해 시리아로 향했다. 이 사람이 후에 바울로 개명한 사울이다. 그는 잘하고 있는 것일까? 잘잘못을 따지기 전에 그는 사랑하는 것이다. 미친 듯이 유대교에 매몰된 그것을 사랑이라고 할 수 있다면. 무엇을? 그의 종교 그의 신념을. 이 사랑에서 그는 존재 의미를 찾고 있었던 것이다.

그런데 그의 사랑은 무지로 말미암은 잘못된 방향의 것이었다. 그래서 그의 사랑은 사랑이라고 이름을 붙여서는 안 되는 것, 다만 맹신이라고 이름 붙여야 하는 그런 것이었다. 그가 이 맹신을 유지하는 한, 그가 이 맹목적 열정을 고수하는 한 그가 간 길이 멀면 멀수록 그는 사랑이 아니라 악행의 길을 간 것이다. 맹목적 대상에 대한 자기 집념이 뜨거울수록 그 열정을 가지고 간 거리만큼 악행의 거리를 간 것이라는 사실을 그는 꿈에도 생각하지 못했을 것이다.

그렇게 격렬한 증오심으로 시리아의 다메섹에 이르렀을 때 그의 인생을 뒤집어버리는 한 사건이 일어난다. 동료들과 길을 가던 그에게 갑자기 해보다 더한 광도의 빛이 공중에서 나타나고 그 빛의 강렬함에 충돌한 그는 쓰러진다. "해보다 더 밝은 빛(행 26:13)". 이 말이 중요한 것은, 이 말은 사울의 인생 전체를 해석하는 실마리가 되기 때문이다. 또 이 사건은 사울 자신에게 뿐 아니라 기독교 역사 전체에서도 매우 중요한 의미를 가지는 사건이다. 이로 말미암아 사울이 예수 그리스도의 사람으로 전환되고, 이렇게 전환된 사울에 의해 기독교 진리의 체계가 서기 때문이다.

그것은 그냥 물리적인 빛이 아니었다. 사울이 그렇게 증오하고 죽이고 싶고 박살을 내고 싶었던 인물인 예수 그리스도의 현존 자체였다. 곧 물리적인 현상이 아니라 예수 그리스도의 발현이었던 것이다. 그 빛이 사울에게 질문해 왔다. "사울아, 사울아, 네가 어찌하여 나를 박해하느냐(행 9:4, 26:14)" 사울은 쓰러진 상태에서 질문한다. "주여, 누구시니이까?(행 9:5)" 이 말은 곧 해보다 강렬한 빛으로 나에게 나타나 나를 쓰러뜨린 당신은 누구십니까, 라는 의미다. 이에 대해 "나는 네가 박해하는 예수라(행 9:5)"는 답변은 이후로 영원히 사울이라는 사람을 성격 짓는 말씀이 되었다. 모든 세계가 무너졌다. 모든 가치 체계가 무너졌다. 모든 인생관이 무너졌다. 어떻게 이런 일이⋯ 이 사건으로 사울은 눈이 멀었다. 앞을 볼 수 없기에 동행자들의 손에 이끌려 가까운 마을로 들어간 그는 사흘 동안 식음을 전폐했다. 생각하고 또 생각했다. 자기 인생을 돌아보고 또 돌아보았다. 이 사건을 마음 속에 재현하고 또 재현해보았다. 이 있을 수 없는 일이 자기에게 함의하는 바는 너무도 엄청나고 절대적인 것이었다. 그렇다. 인정해야 한다. 자기가 그렇게 증오하던 그가 하나님이다. 구약의 여호와가 신약의 예수 그리스도인 것이다. 그가 하나님과 동등하신 하나님의 아들이신 것이다.

그는 창세기에서 하나님이 "우리의 형상을 따라 우리의 모양대로 우리가 사람을 만들고⋯"라고 하신 그 '우리'에게 포함된 삼위일체 하나님의 한 멤버였다. 그는 아브라함이 하나님의 명령에 따라 모리아 산에서 아들을 바치려고 했을 때 하나님이 제지하시며 보여주셨던 수풀에 걸린 양이 지시하는 분이셨다. 그는 이스라엘에게 이집트 탈출을 가능케 했던 피 흘리는 어린 양이 가리키는 분이었다. 그는 다니엘 7장에 나타나시는 그 인자이셨다. 아, 그가 세례 요한이 "보라 세상 죄를 지고 가는 하나님의 어린 양이로다(요 1:29)"라고 가리켰던 이 세상을 구원할 하나님의 어린 양 곧 하나님의 아들이셨던 것이다. 도대체 자기는 그분에게 무슨 짓을 한 것인가. 그 삼일 동안에 그가 어디까지를 생각했는지는 추측일 뿐이지만 어쨌든 그는 변했다.

완전히 예수 그리스도의 사람으로. 그런 그분을 몰라보고 율법과 전통에 맹목이 되어 그분의 신도들을 박해하고 그분을 증오했던 자기 자신의 어리석음과 죄인 됨이 사무치게 다가왔다. 회한과 눈물, 그럼에도 그리스도를 만난 환희와 감사가 겹쳐진 삼일 간은 그의 인생의 전환점이었던 것이다.

 삼일 후 그는 일어났다. 음식을 먹고 기운을 회복하는 즉시로 예수 그리스도가 하나님의 아들이요 메시야라는 사실을 증언하기 시작했다. 그들 알던 사람들이 경악했다. "저 사람이…?" 그리고 얼마 후 그는 아라비아 광야로 들어가 얼마나인지 모르지만 삼년에 가까운 시간을 거기서 보냈다. 거기서 무얼 했겠는가? 추측컨대 거기서 그는 구약을 읽으며 구약에 약속된 그리스도에 관한 글들을 상고하면서 하나님과 그리스도께 기도하는 시간을 갖고 신학체계를 다듬어나갔을 것이다. 그렇게 삼년을 보낸 후 세상으로 돌아온 그는 자신의 이름을 바울로 바꾸고는 3회에 걸친 세계 전도를 감행한다.

 첫 번째 갈라디아 전도, 두 번째 마케도니아와 헬라 전도, 세 번째 소아시아 전도다. 이 모든 것은 신약의 역사책인 사도행전에 기록되어 있으며 그가 보낸 편지들은 사도행전 이후에 나오는 13개 서신서에 기록되어 있다. 그는 철저한 예수 그리스도 중심의 사람이었다. 그는 철저한 복음주의자였다. 예수 그리스도는 그에게 모든 것이요 모든 가치였다. 예수 그리스도는 그의 삶과 행동의 동기요 그가 서있을 수 있는 근거였다. 예수 그리스도는 그의 우주였다. 과거 그가 예수 그리스도를 증오하고 박해하는 것이 유대교에 대한 검은 사랑이었다면, 이제 그가 예수 그리스도를 대하는 마음은 찬란하고 순수한 사랑이었다. 과거 그가 예수 그리스도를 증오하는 열정 이상으로 그는 이제 예수 그리스도에 대한 신앙과 사랑과 경배로 넘치는 열정의 사도가 되었다. 기독교 역사에서 그의 공로는 지대하다. 예수 그리스도가 하나님이요 복음 자체였다면, 이 하나님이요 복음에 관한 신학 체계를 세운 사람은 바울이다. 있을 수 없는 가정이지만 그가 없었다면 기독교는 있었을 테지만 기독교의 기초는 지금과는 다른 모습이었을 것이다. 마틴 루터도 칼빈도 없었을 것이다. 그렇게 평생을 스데반을 살해하고 신자들을 괴롭히고 기독교를 박해했던 아픔과, 예수 그리스도의 은혜로 구원받은 환희를 간직하고 세계를 복음으로 불 지르던 바울은 64년 네로 방화사건에 연루됐다는 누명을 쓰고 약 66년 경 로마의 오스티안 거리에서 참수된다.

나는 그의 마음 그의 인생을 요약할 수 있는 말을 뽑으라면 그의 서신에서 이 세 마디를 발췌한다. (1) "내가 복음을 부끄러워하지 아니하노니 이 복음은 모든 믿는 자에게 구원을 주시는 하나님의 능력이 됨이라(롬 1:16)" (2) "그러나 무엇이든지 내게 유익하던 것을 내가 그리스도를 위하여 다 해로 여길뿐더러 또한 모든 것을 해로 여김은 내 주 그리스도 예수를 아는 지식이 가장 고상하기 때문이라. 내가 그를 위하여 모든 것을 잃어버리고 배설물로 여김은 그리스도를 얻고 그 안에서 발견되려 함이니(빌 3:7-9)" (3) "나는 선한 싸움을 싸우고 나의 달려갈 길을 마치고 믿음을 지켰으니(딤후 4:7)"

인간은 사랑한다. 부모가 자식을 사랑하고, 자식이 부모를 사랑한다. 남자가 여자를 사랑하고 여자가 남자를 사랑한다. 부부가 서로 사랑한다. 심지어 인간은 꽃을 사랑하고 개를 사랑하기도 한다. 이 세상의 모든 문학과 모든 노래의 주제는 사랑인 경우가 대부분이다. 그러나 인간은 사랑으로 구원을 받지 못하고 소망으로도 구원되지 않는다. 아무리 심오하고 심각하게 사랑을 논해도 구원받지 않은 인간은 사랑의 궁극적 본질과 궁극적 형상을 모른다. 모르기에 그들이 노래하는 사랑이란 심각한 결손을 지니고 있으며 어떤 의미에서는 죽은 것이다. 머리가 잘린 닭이 뛰어다닌다고 해서 그 닭이 살아있는 닭이라고 말할 수는 없지 않겠는가. 하나님과 연결됨으로써 비로소 인간은 살아있는 인간이 되는 것이다. 어떻게 하나님과 연결된다는 말인가? 은혜요 믿음이다.

인간은 예수 그리스도 안에서 하나님을 만나고 하나님의 사랑을 받아 믿음을 갖기 전에는 구원된 인간이 아니며 의롭다 하심을 받은 자가 아니다. 오직 예수 그리스도를 믿고 그리스도와 연합함으로써 생명을 받아 구원되고, 그때 인간의 생명은 정상적으로 작동하는 것이다. 그때 인간의 사랑도 구원을 받는 것이다. 믿음은 모든 생명, 모든 도덕, 모든 인간됨의 시작이다.

믿음으로 알게 되고, 믿음으로 사랑하게 되고, 믿음으로 감사하게 되고, 믿음으로 겸손하게 되고, 믿음으로 경배하게 된다. 믿음은 사랑의 뿌리요 사랑은 믿음의 꽃이다. 우리가 사랑으로 구원받는 것은 아니지만 우리는 사랑으로 부름 받았다(롬 8:28). 사랑해야 된다. 완전해야 된다는 말이 아니며 도덕적이어야 한다는 말이 아니며 율법적 의식으로 사랑해야 한다는 말이 아니다. 생명을 발휘해야 한다는 말이다.

오직 예수 그리스도를 믿고 그리스도와 연합함으로써
생명을 받아 구원되고, 그때 인간의 생명은 정상적으로 작동하는 것이다.
그때 인간의 사랑도 구원을 받는 것이다.

야간_____열차

　가톨릭 신학자 한스 큉은 '나는 무엇을 믿는가'라는 그의 저서에서 삶에 대한 신뢰를 언급한 바 있다. 그가 철학과 신학을 공부하는 동안 자기 인생의 견고한 기초가 될 확신을 얻지 못해서 고뇌하던 중, 그의 표현에 의하면 어떤 '영감'에 접하게 되었고 그 후 그는 '예'라고 대답할 수 있었노라고. 여기서 '예'라는 것은 존재와 삶에 대해 무신론적 또는 불가지론적 회의가 아닌 긍정 의지를 뜻한다. 그는 삶에 대한 신뢰와 관련해서 세 종류 사람을 논했다.

　첫째는 신앙에서 삶에 대한 신뢰를 얻는 사람. 둘째는 신앙인으로 자처하면서도 삶과 인간과 자기 자신에 대한 신뢰가 없는 사람. 셋째는 신앙은 없지만 삶에 대한 신뢰를 가지고 있는 사람. 이 셋째 부분을 언급하면서 "이들은 세상과 결속되어 있으며 상황에 따라서는 확고한 신앙인들과 마찬가지로, 때로는 더 훌륭하게 삶을 극복할 수 있다는 사실은 두말

할 것이 없다. 이들은 근본적 신뢰를 인간관계에서, 생산적 행위에서, 학문적이거나 정치적인 활동에서, 인본주의적 윤리에서 길어온다…… 무신론이 필연적으로 허무주의로 귀결되는 것은 아니다. 이 점에서 나는 도스토예프스키에게 반론을 제기해야겠다."고 했다. 그럴듯하게 들리는 그의 주장은 어디까지가 사실일까? 그가, 하나님이 존재하지 않는다면 모든 것이 허용된다는 도스토예프스키에게 반박했다면 나는 그의 이런 반박을 부정하겠다. 복음주의적인 신학자가 아니라 자유주의 신학에다가 진화론에도 동의하는 그의 신념에서는 나올 법한 발언이다.

삶에 대한 신뢰가 뭔가? 삶에 대해 신뢰한다는 것은 자기가 사는 세상과 인생에 대한 긍정 심리를 말할 것이다. 한 마디로 인생에 대해 염세적 관점이 아니라 긍정적 관점을 갖는 것이라고 할 수 있다. 한스 큉의 주장은 무신론자나 회의론자들처럼 삶의 단물을 빨아먹으면서도 인생은 무의미하다는 몰염치한 주장보다는 긍정적이다. 그러나 하나님에 대한 믿음이 없어도 얼마든지 삶에 대한 신뢰를 가질 수 있다는 부분은 진실이 될 수 없다.

왜냐하면 내게는 그 말이 자기 밥상에 밥이 없어도 얼마든지 배부를 수 있다, 또는 아내가 없는 미혼남이 결혼한 사람보다 부부생활을 더 잘할 수 있다는 말처럼 들리기 때문이다. 무신론이란 존재의 근거 없다는 존재론이다. 건물로 말하면 기초 없는 집이요 과일로 말하면 원래 씨 없는 과일이라는 말이다. 기초 없는 상태로 세운 집이 얼마든지 튼튼할 수 있고 나아가 기초 위의 집보다 더 튼튼할 수 있다는 주장은 불합리하지 않은가. 그는 신앙이라는 실체를 모르고 신앙과 인생의 역학관계도 모르

3부 실천적 목적   215

는 것 같다. 나 또한 인생을 어느 정도는 살았고, 사는 동안에 신앙과 삶의 역학관계에 대해 많이 생각해왔다. 내가 말할 수 있는 것은 하나님에 대한 믿음이 없는 사람도 삶에 대한 신뢰를 가질 수야 있겠지만 그 신뢰라는 것은 허약한 것이며 영적인 게 아니라는 것이다. 한스 큉의 주장은 진리에서 끌어온 것이 아니며 인본주의적 견해의 산물이다. 요한복음 15장에 유명한 포도나무 비유가 나온다.

포도나무는 예수 그리스도, 그 나무줄기에 붙어있는 가지는 믿음으로 예수 그리스도와 연합된 신자들을 상징한다. 여기서 주님께선 두 종류의 인간을 언급하시는데, 포도나무 줄기에 붙어있는 가지와 그렇지 않은 가지다. 붙어있다는 것은 무슨 뜻인가? 줄기와 가지의 연합 관계를 말한다. 풀이하면 예수 그리스도를 믿고 거듭나서 예수 그리스도 안에 존재하는 상태를 의미하는 것이다. 이 구절에는 인간이란 주님 없이 자발적으로 존재 가능한 게 아니라 주님과의 관계 속에서만 가능하다는 의미가 들어있다. 왜냐하면 생명이신 예수 그리스도 안에서만 인간은 영적 생명을 받을 수 있기 때문이다. 그래서 기독교 진리의 입장에서 보면 똑같은 인간이라도 그리스도 안에서 영적 생명을 가진 살아있는 인간과 그리스도 밖에서 죽어있는 인간으로 나뉜다. 이 살아있는 인간 내부로부터 생명이라는 본질이 나타나는데 그 나타남이 본문에선 열매라는 단어로 표현되어 있다.

삶에 대한 신뢰는 하나님과 인간의 관계에 근거한다. 왜일까? 왜 무신론이나 불신앙자들에게 삶에 대한 신뢰가 불가능하다는 말인가? 삶에 대한 신뢰란 궁극적으로 삶을 주신 하나님에 대한 경외 또는 감사다. 자기가 신뢰하는 삶을 주신 분에 대한 감사와 경외도 없이 뭘 어떻게 신뢰한다는 말인가? 인간은 근본적으로 살아계신 하나님에 대한 신앙이라는 전제 위에서만 삶에 대한 진정한 신뢰와 긍정이 가능한 것이다. 꽃의 뿌리를 잘라버리고 나서 꽃을 사랑한다고 하는 것처럼, 삶의 근원을 잘라버리고 나서 삶을 신뢰한다고 하는 것은 모순 아닌가?

그런 의미에서 무신론 또는 불신앙은 거짓인 것이다. 포도나무 줄기에 붙어있지 않은 가지, 예수 그리스도와 연합되지 않은 가지라면 그는 감사할 근거도 감사할 수 있는 본질도 없는 사람이다. 예수 그리스도와의 관계가 없는데 삶에 대한 신뢰를 한다면 그 신뢰라는 것은 결국 자기 의의 범주를 벗어나지 못한 것이다. 그러나 예수 그리스도 안에 있는 자, 하나님에 대한 신앙이 있는 자의 내부에는 영적 생명이 있고 이 영적 생명은 외부적 악조건을 뚫고 열매를 맺는데, 그 열매가 믿음. 소망. 사랑. 감사. 기쁨. 평온. 경건. 겸손. 인내. 강인함 같은 것이다.

그러니 하나님 신앙 없이도 자기 인생 영위를 자신하거나 인생에 대한 신뢰와 희망을 가질 수 있다는 것은 모두 허구다. 우리는 결코 우리 자신의 힘으로 구원받을 수도 없거니와, 우리 자신의 힘으로 생명과 사랑을 만들 수도 없다. 삶에 속한 모든 일은 주님 안에서 가능하다. 즉 우리가 믿는다면 그것은 주님 안에 있는 믿음으로 믿는 것이요, 우리가 사랑한다면 주님 안에 있는 사랑으로 사랑하는 것이요, 우리가 소망한다면 주님 안에 있는 소망으로 소망하는 것이다. 우리는 사랑하기 위해서 이 세상에 나왔지만 그것은 우리 소유의 사랑으로 사랑하기 위해서라는 말이 아니다. 우리에겐 사랑이 없다. 우리에겐 생명에 속한 자원이 없다. 우리는 거지다.

모스크바에서 페테르부르크로 가는 야간열차를 타본 적이 있다. 어둠 속을 달리는 열차 안에서 잠을 잘 수 있도록 열차 내부를 침실 구조로 구성한 것. 수면 세면 화장실 사용 등이 불편하긴 했지만 일행들에게 인상적인 추억거리가 됐다. 창 밖 도시의 불빛과 가로등과 벌판이 지나가는 어두운 공간 속으로 기차는 밤새 달려간다. 자다가 깨다가 커튼을 젖혀 밖을 보다가 다시 자다가 몇 시간 후엔 목적지에 도달한다. 페테르부르크에서 우리의 스케줄이 끝나면 다시금 우리는 역방향의 과정을 지나 모스크바로 돌아온다. 우리의 피곤한 몸이 어떻게 수백 킬로 떨어진 목적지에 떨어질 수가 있었을까? 어떻게 어떤 지역을 통과여 어떤 과정으로 거기에 도달했는지 우리는 모른다. 야간열차가 데려다 준 것이다.

예수 그리스도는 야간열차다. 어떻게 예수 그리스도를 만나게 되었으며, 그 후 어떻게 변화되었으며, 어떻게 우리 안에 믿음이 생겨나게 되었고, 어떻게 사랑의 본질을 갖게 되었는지 모른다. 자신도 모르는 사이에 자신의 힘이 아닌 힘으로 이루어지는 변화다.

한 사람이 이 세상의 막강한 힘을 벗어나 예수 그리스도의 품에 안긴다는 것은 단순한 문제가 아니다. 조금 더 시야가 열리면 한 인간이 믿음을 갖고 구원을 받으며 감사와 경배의 심리를 갖게 되는 것은 순전히 기적에 속한다는 것을 알게 된다. 그것이 인간의 힘으로는 불가능하기 때문이다. 선천적으로 죄인인 한 사람이 하나님과 대립 관계 속에 있다가 하나님께로 방향을 돌려 귀의 한다는 것이 일반인의 눈에는 그냥 단순한 종교적 행동으로 보일 것이다. 그러나 영적 실태에 눈이 열리면, 이런 사실은 하나님의 적극적인 은혜와 능력이 개입하지 않았더라면 성취 불가능한 것이었다는 것을 인식하게 된다. 왜냐하면 이 세상은 죄와 마귀의 강력한 권력이 작동하는 장소이기 때문이다. 그래서 성경이 구원과 회심과 중생 등 신자에게 이루어진 변화를 언급할 때면 사용하는 어휘가 '권능', '지극한 능력' 같은 것이다. 그러기에 원초적으로 하나님께 반역적인 인간의 본성이 진실로 하나님을 사랑하고 감사하는 인간으로의 변화는 하나님의 은혜로만 가능한 기적이다. 그래서 하나님에 대한 신앙의 바탕 위에서가 아니면 삶에 대한 진정성 있는 신뢰란 불가능하다는 말이다. 믿는 것도, 사랑하는 것도, 진리를 따라 사는 것도, 진정으로 경배하는 것도, 자신이 부여받은 삶을 감사하는 것도 모두 하나님 안에서만, 그리스도 안에서만 가능한 일인 것이다.

권력, 신앙, 사랑

　　알렉산더는 페르시아를 정복하고 인도를 정복한 후 더 이상 정복할 나라가 없음에 울었다고 한다. 일개 육군 소위였던 나폴레옹이 군사 지도자가 되고 종신 통령이 되고, 이것이 양에 차지 않아 황제가 되려고 했던 것, 월터루 전쟁에서 웰링턴에게 패하여 유배를 가기까지 그의 일생은 권력 숭배라고 규정될 것이다. 히틀러가 게르만족의 우수성과 유대인 박멸의 정당성을 웅변할 때 많은 독일 국민이 히틀러의 악의에 전염되기 시작했다. 히틀러의 주장은 교활한 거짓말이었고 그 교활한 거짓말은 사실 그의 사악한 권력욕에서 나온 것이었다. 니체는 히틀러를 오염시켰고, 히틀러는 독일 국민을 오염시켰다. 일본이 태평양전쟁을 일으킨 것도 쇼비니즘(극단적 국수주의)과 팽창주의의 더러운 권력욕으로 말미암은 것이었다. 이스라엘의 초대 왕 사울이 평생 다윗에 대한 질투로 초조한 인생을 살다가 마지막 블레셋과의 전쟁 때 길보아 산에서 자결하고 적군에 의해 그 시체마저 손상됐던 것도 권력욕 때문이었다. 이스라엘을 최대의 영적 위기로 몰고 간 아합이 아람과의 전쟁에서 누군가 우연히 당긴 화살에 맞아 피를 쏟아가며 죽은 것, 그의 처 이세벨 역시 예후의 혁명으로 높은 곳에서 던져져 죽임을 당했던 것, 시므리가 자기의 주군인 엘라를 죽이고 왕위를 찬탈했지만 오므리와의 싸움에서 패해 일주일 만에 왕궁에 불을 놓고 자결한 것 모두가 권력욕 때문이다.

스크루우지가 자기 주변 모든 사람에게 마음을 닫고 냉혹한 처세술을 유지한 것은 재산에 손해를 보지 않기 위해서니 권력욕과 상관없을까? 가룟 유다는 마땅히 사랑하고 경외해야 할 진리 자체요, 사랑 자체이신 분에 대한 눈이 가려 은 삼십 량에 그분을 팔아버리고 마는데 이것은 권력욕과는 무관한 일일까? 카사노바가 죽을 때까지 평생에 400여명 이상의 여성과 관계를 맺고 성애를 즐기면서 "나는 느낀다. 고로 존재한다."라는 인생 표어를 앞세우고 살았던 것은 단순히 성적인 문제일까? 아니다. 하나님 없이 신앙 없이 그렇게 허망하게 끝낼 이 모든 광기 어린 생애는 모두 다 미친 욕망 때문이었고 그 미친 욕망은 하나님 아닌 다른 권력 추구에서 기원하는 것이다.

다른 쪽을 살펴보자. "인간이 곧 하나님이다", "하나님이란 인간의 자기 대상화에 불과하다.", "신학은 곧 인간학이다." 이 말은 포이에르바하의 기독교의 본질이라는 책에 나오는 주장이다. 이에 영향을 받은 니체 칼 마르크스 프로이트 에릭 프롬 칼 로저스 등은 경쟁하듯 반기독교적인 저술을 내놓았고, 그들은 하나 같이 하나님을 제거한 인간의 주권과 자유와 행복을 사람들에게 강변했다.

"내가 원하는 것이 하나님의 뜻이다." "인간의 구원자는 나 자신이다" "당신은 사랑받고 행복하고 영광스러워지도록 계획됐다" 등을 쏟아낸 조셉 머피, 노만 빈센트 빌, 로버트 슐러, 론다 번, 조엘 오스틴… 이들은 철학자 아니면 심리학자 아니면 사상가 아니면 목회자이기에 정신적이고 영적인 스승들일 뿐 권력에 대한 욕망과는 무관한 사람들일까?

그들은 권력의 성격만 다를 뿐 이들은 자기숭배와 불신앙적 신념 숭배 등 모두 자기 권력에 광분한 자들이다. 인간이 하나님을 떠나면 곧 매몰되어버리고 마는 것이 권력과 재물과 종교와 성의 우상이요, 인간이 진리를 떠나면 곧 매몰되어버리는 것이 자기숭배적 철학 또는 사상이다. 하나님을 버린 사람들, 진리를 버린 사람들, 정상을 버린 사람들의 모습이 이런 것들이다. 솔로몬의 결론은 하나님을 경외하는 일을 빼고는 자기가 추구했던 모든 일들이 미친 짓이라는 것이었지만 그 후 수천 년이 흐르는 동안 사람은 이 미친 짓을 끝도 없이 해대는 것이다. 다 거미줄에 매달려버린 사탕 껍질 같은 것이건만.

예수님께서 구속 사역을 완성하기 위해 예루살렘으로 입성하실 때 전율하며 예수님을 환호하던 군중들은 며칠 후 핏대를 올려가면서 빌라도에게 그 예수님을 십자가에 못 박으라고 고함치는 무리로 변한다.

왜일까? 그들이 권력이나 탐욕과는 거리가 먼 순진한 서민들이라고? 그 군중들은 예수님이 로마를 멸망시키고 자기들을 세계의 영광스런 민족으로 상승시켜 주고 자기들에게 개인적인 부를 안겨줄 메시야이길 바라는 자기들의 부패한 기대와 욕망에서 벗어나자 이리떼로 변한 것이다. 순진한 것 같은 그 군중들 역시 다만 권력에 눈 먼 강도들의 심리를 가지고 있을 뿐이었다. 한편 예수님께서 빌라도를 대면하셨을 때 빌라도는 자기가 예수님을 풀어줄 수도 처벌할 수도 있는 권력자라는 것을 인지시켰다. 그러자 주님께선 조금도 흐트러짐 없이 그런 권력이란 주어지든지 박탈되든지 하늘의 주권일 뿐이라는 것과, 주님 자신의 왕국은 현재의 정치 시스템에 속한 것이 아니라고 하셨다. "그럼 네가 왕이 아니냐?"라고 빌라도가 질문하자. "내가 왕이다"고 답하셨다. 그때 빌라도의 초점은 어디에 있고 주님의 초점은 어디에 있는 것이었을까? 빌라도의 초점은 현재의 지상 권력에 맞추어져 있고, 주님의 초점은 영원한 아버지의 뜻에 맞추어져 있는 것이다. 주님께선 이 세상의 부패한 권력보다 인류 구원을 위한 사랑의 길을 택하신 것이다. 사탄과는 정반대의 길인 것이다.

〈야살의 책〉과 〈미드라쉬〉에 나오는 내용이다. 나는 이 책들의 내용을 믿지 않지만 참고로 소개한다. 아브라함은 데라의 아들이요, 데라는 니므롯의 군대장관이었다. 그런데 니므롯은 그 이름(반역자)처럼 하나님께 반역의 정신으로 충만하고, 그가 다스리던 고대 바벨론은 그에게 몰려 각종 우상을 만들어 섬기던 우상의 땅이었다. 데라 역시 집안에 돌과 나무로 만든 12가지 우상을 세워놓고 섬기고 있었다. 아브라함도 그런 세상의 영향권에서 완전히 벗어나지 못해서 혼돈스러워하며 태양을 하나님이라고 하기도 하고, 밤하늘의 달과 별이야말로 하나님이라고 생각하기도 했었다.

그러다가 하나님의 감동 가운데서 해도 달도 별도 아닌 우주를 창조하신 참 하나님이 계시다고 믿게 되면서부터 모든 우상숭배를 거부했다. 하루는 부모님을 집안 우상 앞으로 데리고 와서 우상에게 자기가 만든 음식을 먹으라고 했다. 어떻게 먹겠는가? 생명 없는 것들이. 부모님을 깨닫게 하기 위한 계책이었던 것이다. 어느 날 그는 도끼를 들고 집안으로 들어가 자기 아버지 집에 있는 우상을 다 때려 부숴버렸다. 이 일로 아브라함은 아버지 데라의 미움을 받고 마침내 니므롯에게로 끌려가 다니엘의 세 친구처럼 자기 동생 하란과 함께 강렬하게 타오르는 불에 던져진다. 이날 이 사형식을 구경하기 위해 90만명이 사형장에 몰려들었다. 불에 떨어진 하란은 즉시 죽었지만 아브라함은 불속에서 삼일 간을 걸어다녔다고 한다.

우리가 사는 이 시대가 그때보다 나을까? 조금도 나은 것이 없다. 특정 부류의 사람을 제외하고 현대인들은 돌과 쇠와 나무로 만들어진 우상을 숭배하지는 않는다. 그렇다고 그들이 하나님을 경외하는가? 예수 그리스도를 믿는가? 믿지 않는다면 다른 무엇인가 믿는 대상이 있는 것이다. 숭배의 대상이 바뀐 것뿐이다.

고대 바벨론인이나 현대의 아인시타인이나 영적인 동일 선상에 있는 것은, 과거의 사람들은 손으로 만든 우상을 숭배했지만 현대인은 관념이 만든 우상을 섬기기 때문이다. 이성, 과학, 문명, 권력, 재물이 그것이다. 돌과 나무로 만든 우상에게 말하라고 해보라. 못할 것이다. 이성, 과학, 문명, 권력, 재물에게 진리를 말해보라고 하라. 역시 못할 것이다. 돌과 나무로 만든 우상에게 복을 달라고 해보라. 미친 짓이다.

이성, 과학, 문명, 권력, 재물에게 행복을 달라고 해보라. 어리석은 짓이다. 돌과 나무로 만든 우상에게 다양한 상황에 얽혀있는 인간을 구원하라고 해보라. 차라리 강아지를 키우는 게 나을 것이다. 이성, 과학, 문명, 권력, 재물에게 인간을 구원하라고 해보라. 그 대답은? 제로다. 인간의 불신과 어리석음에는 끝이 없다. 인류를 위해 십자가에서 피와 땀을 쏟으시는 하나님을 버리고 이성, 과학, 문명, 권력, 재물을 택하는 한 그는 결코 영광을 보지 못할 것이다.

인간의 일생은 사랑 증명서다. 즉 한 인간의 일생은 그가 무엇을 사랑했느냐 하는 인생 성격의 표시란 말이다. 일생을 70~80년 잡아도 그것은 큰일을 이루기에는 부족한 기간이다. 그러나 하나님은 인간에게 업적의 분량을 요구하시는 것이 아니다. 하나님께서 인간에게 요구하시는 것은 인간의 마음과 도리다. 인간이 마땅히 경외해야 할 것을 경외하며 사랑해야 할 것을 사랑하는 마음이다.

큰 분량이 아니라도, 업적이 변변치 못해도 그가 마땅히 믿을 것을 믿으며 사랑할 것을 사랑하며 살았다면 그 사람의 인생은 의롭다고 인정될 것이다. 이 사실이 성경에 극명하게 나타나는 것이 이신칭의의 진리다. 인간이 하나님 앞에서 의롭다고 인정되는 것은 인간의 행위나 공로나 업적에 근거하지 않고 오직 불의한 자를 의롭다 하시는 이에 대한 믿음에 근거한다는 이 진리 말이다.

그런 의미에서 "하나님을 사랑하는 것이 인간의 본분인가 자기를 사랑하는 게 인간의 본분인가?" 우리가 온 마음을 다하여 경배하는 자세로 사랑하고 중요시해야 할 분이 하나님이다. 예수 그리스도다. 우리는 사울이 아니며 아합도 아니다. 우리는 알렉산더도 아니며 나폴레옹도 아니다. 또 우리는 저명한 예술가나 문필가 또한 아니다. 그만큼 우리에겐 권력이나 재물이나 명예가 없다. 그래서 우리는 이미 언급한 왕들보다 비교할 수 없이 저급한 삶을 살고 그 저명한 인사들보다 무가치한 인간이란 말인가? 나는 아침에 일어나 기도하고 성경을 본다.

내게는 왕권이 없고 세계적 명성도 없지만 나는 나의 주님을 알았고 영원히 그와 연합되었다. 주일이면 정겨운 교회당을 찾아 성도들과 함께 예배를 드리고 찬송을 부른다. 따뜻한 밥 한 끼를 앞에 두고 나는 진정한 감사를 드릴 뿐 아니라 내게 주어지는 모든 선물들에서 주님의 따뜻한 임재를 느낀다. 나는 권력자가 되기 위해서 이 세상에 온 것이 아니라 예수 그리스도를 만나기 위해서 왔고, 내게는 권력이 영광이 아니라 복음이 영광이다. 내 가슴엔 욕망이 아니라 신앙이 머무르기를 원한다. 나는 통치하지 않고 존재한다.

나는 권력이 아니라 사랑을 원한다. 나는 빌라도가 아니라 예수님을 사랑한다. 그리고 예수님을 사랑하는 마음으로 식구 동료 지인 주변 사물 등 사랑할 것을 사랑하는 것이 행복하다. 나는 내가 만든 목적에 헌신하는 것이 아니라 내게 주어진 목적에 조용히 응답할 뿐이다. 허망한 짓으로 가득한 이 세상이 마치는 날 나의 주님과 완전하게 연합될 날을 소망한다. 내가 판단하기론 거미줄에 매달린 행복이 아닌 것은 이것 하나 뿐이다.

나는 권력자가 되기 위해서 이 세상에 온 것이 아니라

예수 그리스도를 만나기 위해서 왔고,

내게는 권력이 영광이 아니라 복음이 영광이다.

두 여인_____

　성경을 볼 때마다 의아해 할 수밖에 없는 기사 중 하나가 삼손과 들릴라의 관계다. 어째서 천하의 삼손이 들릴라 같은 여자에게 맥을 못 추고 눈치 채지 못한 채 시시각각으로 다가오는 죽음의 덫에 걸려들었는가 하는 것. 마치 날 잡아 잡수 하는 식으로 말이다. 또 아무리 천박해도 어떻게 들릴라는 자기를 사랑하여 위험을 무릅쓰고 생존의 비밀을 토하는 남자를 팔아버려 파멸시킬 수 있다는 말인가?

　분명히 삼손에겐 여러 번 위험 경고 신호가 있었다. 하지만 파리가 파리지옥에 빠지듯이 감각이 마비된 삼손은 그 위험한 수렁에 빠져 마침내 맥없이 적군의 손에 던져져서 눈 뽑힌 광대가 되어버리고 말았다. 이스라엘의 명예가 하루아침에 조롱거리로 전락해버리고 만 것이다. 그 비참한 정경 앞에서 우리에겐 한 가지 분노 어린 질문이 생긴다. 들릴라는 삼손을 조금이라도 사랑했을까? 성경을 살펴보건대 들릴라에겐 삼손을 유혹하는 무언가가 있었다고 볼 수 있다. 처음엔 삼손이 들릴라를 블레셋에 접근하는 통로로 이용하고자 하는 전략적 이유도 있었지만, 나중엔 들릴라의 육체에 지배되어버리고 만 증거가 강하다. 만일 삼손이 들릴라를 전략적 목적으로만 이용했다면 힘의 출처를 알려달라고 조르는 들릴라의 '요청'에 '번뇌'할 필요가 없었을 것이다. 나실인(구별된 자)이라는 것은 삼손의 정체성이었고, 이 정체성이 유린되면 삼손은 파국을 맞는다. 그럼에도 불구하고 삼손은 한 걸음씩 다가오는 위기를 직면하면서도 들릴라에게서 발을 빼지 못하고 힘의 출처를 가르쳐달라는 집요한 요청에 번뇌하다가 파국을 맞게 된 것이다.

그는 통찰해야 했다. 들릴라의 요구가 사랑 또는 진정에 속한 것이 아니라는 사실을. 조금만 냉철했더라면 들릴라의 요구가 진정한 사랑과는 무관한 악한 목적이 바탕에 깔려있다는 것이 분명히 감지되었을 것이다. 두 가지 이유로 말이다. 첫째, 진정으로 사랑하는 사람은 상대가 괴로워하는 비밀을 강요하지 않는다는 것. 둘째, 그럼에도 불구하고 삼손이 위기를 비껴나갈 때마다 들릴라가 더욱 교활하고 집요하게 달라붙은 것은 삼손의 파멸로 돌아오는 대가가 있기 때문이라는 것.

그녀는 한 번도 삼손에게 진지하지 않았던 것 같다. 보통 사람의 의식에는 자기를 사랑해주는 사람에 대한 최소한의 인간적 예의라는 게 있는 법이다. 사람이란 참 마음으로 자기를 대해주는 사람에게는 마음을 열고 다른 저의를 품지 않는 것이 일반적 성향이다. 그런데 들릴라에겐 이런 것이 없었다. 그녀는 돈 때문에 삼손의 목숨이 위경에 처하게 된다는 사실을 괘념하지 않았으니 결국 삼손을 목적 아닌 수단으로 대한 것이다.

상대를 목적이 아닌 수단으로 보는 순간부터 인간관계는 붕괴다. 애정까지는 바라지 않더라도 인간애가 없다는 것, 사람을 목적이 아니라 수단으로 대한다는 것이 파탄된 그들 관계의 징후였다. 사람을 목적이 아닌 수단으로 삼는 이 관계 파탄이 죄악 세계의 특징이다. 전제주의, 공산주의, 사회주의, 전체주의, 군국주의, 쇼비니즘이 그런 것이다. 마르틴 부버는 '당신과 나'라는 저서에서 나폴레옹은 자기 부하들을 자기 목표를 위한 수단으로만 생각했다고 비난한 적이 있다. 사람을 목적이 아니라 수단으로 대하는 관계는 가족관계든 부부관계든 친구관계든 국가와 국민의 관계든 비정상적이고 불건전한 것이다. 한 마디로 들릴라는 사랑받을 자격이 없는 여자요, 삼손은 이 사랑받을 자격 없는 여자에게 헛된 정력을 낭비한 대가를 받게 된 것이다.

도대체 무엇 때문에 삼손은 들릴라에게 무력했을까? 들릴라의 성적 매력이라는 실오라기에 삼손이라는 탱크가 매달려 있었다는 것, 그래서 결국 실은 끊어지고 탱크는 곤두박질치며 부서지고 만 것이다. 이성 간의 사랑이란 그 본질이 무엇일까? 묘한 기분에 빠지는 것? 기분 좋은 데이트나 애정 표현? 아니면 고독을 회피하는 행위? 감정적인 의지? 이성 관계에서 적당한 성애적 표현은 필요하기도 하고 서로의 유대를 강화시켜주기도 한다. 그러나 그것이 부모 자식 간의 사랑이든 애정이든 인간애든 우정이든 모든 종류의 사랑에는 영적 정신적인 본질이 내포되어 있어야 한다. 그것이 건전한 인간관계다. 바꿔 말하면 영적 정신적 본질이 결여된 육체적 애정 행위만으로는 서로를 견고하게 결합시켜주는 공감대를 발견하지 못한 채 두 사람은 진공 상태로 떨어질 것이다.

영적 정신적 공감대 없이 인간은 결합할 수 없고, 영적 정신적인 본질이 결여된 애정 행각이란 사실 성욕이지 사랑이 아니기 때문이다. 그런 의미에서 삼손과 들릴라는 당연히 사랑을 한 것이 아니며, 이 사랑 아닌 본질과 만남이 두 사람을 파탄으로 몰고 간 것이다. 요즘 시대 젊은이들은 섹시함을 숭상하는 경향이 있는데 생각할 줄 아는 사람에게 영적 정신적 본질이 결여된 섹시함이라는 것은 그냥 깡통과 같은 것이다. 풍선 위에 아무리 매력적인 그림을 그려놨어도 풍선 안에는 실체가 없다. 들릴라가 삼손을 팔아넘긴 대가로 받은 돈을 가지고 어떤 인생을 살게 됐는지는 모르지만 세상 법칙으로 보건대 그렇게 얻은 재물로 더 나은 인생이 되는 법은 없다. 이 두 사람의 관계는 최악의 남녀 관계 중 하나에 속하는 것이다.

그에 비해 룻이란 여자는 어땠는가? 그녀는 이스라엘 민족의 입장에서 봤을 때 모압이라는 이방 여인이었다. 이방인은 남성이든 여성이든 이스라엘 사람들의 관념에서는 울타리 밖의 사람, 즉 관계해서는 안 될 사람이다. 이스라엘 근접 국가인 모압은 그모스라는 우상을 숭배하는 나라로서, 그모스는 암몬의 몰렉이나 밀곰처럼 인신공양을 받는 국가 신이다. 그모스나 몰렉은 황소 머리의 사람 몸체를 가지고 앞으로 팔을 벌리고 있는 속 빈 청동 우상으로서, 제사 의식은 밑에서 불을 때면 그 열기로 달궈지는 우상의 팔에 어린아이를 올려놓고 태워 죽이는 인신공양이다. 당시 가나안 지역의 종교는 바알, 아세라, 아스다롯, 그모스, 몰렉, 다곤 등을 섬기고 있었는데 제사의식은 이런 인신공양을 하거나 신전 창기와 성관계를 갖는 등 매우 부도덕하고 사악한 것이었다.

따라서 그 나라 사람이라면 의례히 이런 사악한 우상숭배 의식에 젖어 있을 것이라고 짐작해볼 수 있지만 모압 여인 룻에게선 모압의 악습의 영향이 보이지 않는다. 자기 남편이 죽고 시어머니와 가족이 거지와 같은 신세가 되는 등 아무런 미래가 보이지 않는 상태에서 시어머니를 떠나지 않고 하나님을 섬기겠다는 결연한 의지로 자기 민족도 아닌 이스라엘 땅으로 따라온 룻. 홀로 된 이국의 시어머니를 위해 고픈 배를 움켜쥐면서 남의 밭에 들어가 곡식을 줍는 그녀의 행위에는 들릴라의 이기적 욕망을 부끄럽게 만드는 아름다움이 보인다. 실리적 가능성이 다 사라져 버린 뒤에도 신의를 지키려고 하는 그녀의 태도는 보상금 때문에 연인을 팔아버리는 들릴라와는 근본이 다르지 않은가. 룻은 사랑스런 여자였다. 그러나 그녀의 매력은 들릴라와는 다른 방향에서 발산되는 매력이다. 룻기는 구약에서 그리고 나오미의 가족사에서 별처럼 빛나는 이야기다.

위의 두 여인은 모두 이방 여인으로서 두 종류 인간 두 시대정신의 상징이다. 처음 여인은 세속적, 육체적, 재물욕, 기회주의, 이기주의, 텅 빈 정신, 냉혹한 정신의 상징이고, 둘째 여인은 신앙, 사랑, 진리, 신본주의, 단정함, 온유함의 상징이다. 우리는 보내졌다. 우리는 이 지상을 지나야 한다. 길어야 80~90년인 인생의 기간 우리는 대표적인 양극 가운데 어느 지점을 차지한다. 내가 이 지상을 지나는 동안 나는 부부든지 친구든지 나와 함께 사는 사람에게 어떤 동행자이며, 나와 함께 사는 사람은 나에게 어떤 동행자인가? 인간이 맺은 관계가 쓴 뿌리를 씹는 듯 차라리 만나지 않았으면 좋았을 것을, 이라고 하면서 후회할 인연들도 많지 않은가. 눈이 뽑히고 쇠사슬에 묶인 채 적국의 연회장에서 연자 맷돌을 돌리는 자가 되기 위해 삼손이 태어나지는 않았을 것이다.

그런데 그렇게 됐다. 사람을 잘못 만났기 때문이다. 아니 사람을 잘못 찾아갔기 때문이다. 그런데 그가 왜 사람을 잘못 만났는가? 잘못된 사람을 부르는 요인이 내면에 내장되어 있기 때문이다. 무슨 말인가? 삼손의 패망이 잘못된 인간관계에 기인한 것처럼 보이지만 사실 그보다는 하나님과의 잘못된 관계가 한 층 더 깊은 원인이었다는 말이다. 왜냐하면 하나님과의 관계는 인간의 본질과 모든 관계의 근본이기 때문이요 삼손의 하나님과의 관계는 엉망이었기 때문이다. 나실인이라면 술을 마시지 말아야 하고, 시체를 만지지 말아야 하고, 여인을 가까이 하지 말아야 하고, 머리를 자르지 말았어야 했다. 그러나 삼손은 이 모두를 어겼다. 왜일까?

하나님에 대한 공경 심리의 부족 때문이다. 한 인간이 하나님에 대해 어떤 심리를 품고 있느냐 하는 것은 인생 자체와 인간관계를 규정한다. 삼손이 만일 하나님을 사랑하고 경외했더라면 그는 사사시대에 진정한 영웅이 됐을 것이고, 그의 인생 궤적은 하나님의 은혜로 말미암아 놀라운 것이 됐을 것이다. 한편 이런 삼손을 파탄으로 몰고 간 들릴라는 삼손과 다른 결과일 것 같아도 종류만 다른 파멸에 던져졌을 것이다. 이 시대의 시대정신은 악으로 도배되어 있다. 그러나 기차 철로에서 멀리 떨어져 있는 들꽃처럼 시대정신으로부터 멀리 떨어져 있는 룻이라는 여인은 신앙으로 말미암은 진정한 사랑의 표상이다. 정신적으로, 현실적으로, 시대적으로 그녀는 이 시대와 거리를 두고 걷는다. 인본주의, 자기주의, 기회주의, 세속주의, 포스트모더니즘이라는 몰렉을 거부하고 신본주의와 복음주의에 헌신하는 이런 정신이 어떻게 이 시대와 어울릴 수 있겠는가. 그런데 하나님은 이런 정신의 소유자를 찾으신다.

머무르고
_____싶었던 순간들

    오랜만에 식구들과 가을나들이를 갔다. 다시 찾은 서울 남산골 한옥마을. 한결같이 정겹고 애련한 정서가 감도는 곳. 그 한옥마을 꼭대기로 올라가면 경계 지역이 나오고 그 경계 지역 너머가 나 어릴 때 살던 마을이기 때문이다. 필동 2가 84번지. 지금 그곳엔 남산 터널이 자리 잡고 있다. 내가 살던 마을은 터널이 되었지만 그 아랫동네는 그때의 초라한 환경에서 고급 주택과 환경으로 바뀌었다는 사실 외엔 언덕이며 골목이며 도로가 고스란히 남아있다.

    식구들과 한옥마을 내부를 유람하다가 30분 후에 만나기로 하고 나는 내가 살던 마을의 자취를 더듬기 위해 올라갔다. 경계 지역을 벗어나자 내 감정을 건드리는 광경들이 펼쳐지기 시작했다. 먼저 내가 사랑하던 교회로 올라가는 언덕이 눈에 들어왔다. 그곳을 지나자 그 언덕 아래 할아버지가 운영하던 구멍가게엔 다른 집이 서 있었다. 내 친구가 살던 집

쪽으로 향하자 그 집은 그대로 있었다. 잠시 지켜보다가 돌아서서 어린 시절 집에서 나와 초등학교로 향하던 노정을 따라 걸어 내려가기 시작했다. 콩나물동네로 불리던 그 동네. 집들은 변했지만 길은 그대로인 그 길 어느 집 담 밑에 들꽃 몇 송이가 피어있었다. 주황색 나뭇잎들이 살랑이는데 그 나뭇잎들 사이로 떨어지는 싱그러운 가을 햇볕을 받고있는 들꽃을 카메라에 담았다. 그리고 다시 대한극장 옆 한국의 집 쪽으로 이어진 고즈넉한 마음의 길로. 그렇게 그 지역을 벗어나 한옥마을로 들어가 가족과 재회했다.

"인간 깊은 곳에 있는 망향, 그것은 동심이다." 정확한 문장인지 몰라도 전 혜린 작가가 했던 말이라고 기억한다. 왜 인간에겐 고향에 대한 향수가 있는 것일까? 그것이 영원한 고향을 상징하기 때문이다. 자기가 생각하는 고향은 이 세상에 없다.

그 당시 고향의 형상을 예상하고 찾아간 고향은 그때의 모습이 아니며 그때의 고향이 아니기 때문이다. 고향은 마음 속에만 있을 뿐이다. 그러나 이 마음 속에 찍혀있는 고향의 상은 누구도 지우지 못한다. 그것은 젊을 때나 늙을 때나 동일한 정취와 동일한 형상으로 그 자리에 있다. 그럼으로써 살아있는 동안 고향은 그 사람에게 삶의 방향이 되고 이상향이 된다. 그것이 인간의 마음에 남아있다면, 그래서 그가 망향의 심리를 가지고 있다면 그것이 어느 정도 인간의 이탈을 막아주기도 한다. 하지만 우리는 다른 고향을 찾아야 한다.

내 마음 속에 존재하는 그 고향의 원형, 그 고향의 이데아 곧 하늘나라다. 왜 인간에게 고향에 대한 그리움이 있을까에 대한 대답은 이것이다.

이 세상은 너의 본향이 아니라고, 네가 사무치게 그리워하는 어린 시절의 고향은 너의 진짜 고향인 저 하늘나라의 그림자라고, 살아있는 동안 그 그림자의 본체인 하늘나라를 바라보면서 지상 여행을 하라고 하나님께서 우리에게 주신 메시지인 것이다.

초등학교 시절 가장 가깝던 마을 친구가 이사 가던 날의 슬픔을 잊을 수 있을까? 내 몸의 한 부위가 떨어져나가는 것 같은 아픔, 내 마음 속 한 공간이 비어버리는 것 같은 비애는 한 인간으로서 내가 어려서부터 배워야 할 인생 현실이었다. 초등학교 운동장에서 학우들을 보면서 나는 더 이상 성장하지 않고 4학년에 머물렀으면 좋겠다는 어리석은 생각을 한 적도 있었다. 내 딴에는 성장하면서 변화되고 늙어버리는 것이 싫어서 그 순간에 멈추고 싶었던 것이다.

그 시절의 성탄절, 묘사 불가한 은총의 빛이 사람들 마음에 뜻 모를 생기를 일으키며 세상을 뒤덮을 때 나는 그 감동 속에 오래 머무르고 싶었다. 가난한 마을에 흐르는 그 밝고 따뜻한 정서가 나는 너무도 행복했던 것이다. 어린이 수요예배가 시작되기 아직 이른 시간, 아무도 도착하지 않은 고요한 예배당 안 고동색 장의자에 앉아 하염없이 앞을 바라보면서 거기 머무르고 싶었다. 어느 날 이웃집에 우리 동네 아이들과는 차별화된 제법 잘 살았을 법한 소녀가 이사 왔다. 예쁘고 귀티 나는 그 아이를 좋아했던 나는 어쩌다가 그 아이가 있는 자리에 가게 되면 거기 오래 머물고 싶었었다. 겨울 방학이 끝날 때 쯤 겨울과 함께 가버리는 시절이 안쓰러워 그 시간에 머무르고 싶었다. 아, 눈 내려 덮인 설경 위 저 검푸른 하늘에서 내려오는 달빛이 눈 알갱이들에 반사되어 부서지면서 세상이 줄 수 없는 투명한 감정을 내 마음에 일으키는 그 고고한 적요에 머무르고 싶었다. 그리고 수십 년이 흐른 어느 해 가늘 날, 아내와 딸들을 데리고 간 내 어린 시절이 묻혀있는 그 마을 그 자취에 내 눈망울이 촉촉해졌던 것이다. 초등학교 졸업식이 다가올 때 내 인생의 한 토막이 사라지는 것 같은 서글픔에 나는 그 순간에 머무르고 싶었다.

졸업식 노래는 슬프다. "빛나는 졸업장을 타신 언니께…" 그렇게 차례로 진눈개비 흩뿌리던 겨울 날 사랑하는 초등학교 교정을 떠나야 했고, 중학교 고등학교 교정을 등져야 했다. 졸업식이란 왜 그렇게 슬프고 아려야 하는 것인가? 그때 내 마음 속에선 누군가 나를 이 흐름에서 말려주었으면 하는 소원이 솟구치고 있었지만 세월이 갈수록 확인되는 것은 그것이 불가능하다는 사실 뿐이었다.

멈출 수가 없다. 고교시절 밤늦은 하교 길 인도에 서있는 하얀 가로등 아래를 지날 때마다 나는 그 가로등에 기대어 머물러 있고 싶었다. 오 헨리의 단편들, 헤르만 헷세의 청춘은 아름다워라, 괴테의 파우스트, 셰익스피어의 햄릿이나 오셀로, 파스테르나크의 지바고 등 그 당시 독서가 주는 감동 속에 머물고 싶었다. 고교 졸업이 다가오는 겨울이었다.

교실에 감도는 빛이 쓸쓸하고 친구들의 의자가 비어감에 따라 나는 인생이란 이렇게 졸업으로 가는 길이라는 쓰린 감회에 젖을 수밖에 없었다. 청년 때 지금의 내 아내와 서울 예장동에서 장충단 공원으로 이어지는 남산의 깨끗하고 조용한 순환도로를 걸으면서 거기 머무르고 싶었다. 귀여운 내 아이들이 커가는 것을 보면서 이 아이들이 성장함에 따라 예상되는 변화와 노화가 싫어서 아이들이 그 순간에 머물면 어찌될까 하는 마음도 가져본 적이 있다. 하지만 그 역시 안 될 말이다. 물이 얼어붙는 추운 성탄절 이브와 성탄절 예배로부터 흘러나오는 은혜의 빛 속에 머물고 싶었다.

가족송년회를 가지기 위해 집안에 모여 사방의 불을 끈 다음, 가족이 둘러앉은 찻상에 케이크를 올려놓고 기도할 때의 그 순결한 정적을 나는 사랑한다. 가을이 깊어가는 날 외진 창덕궁 창경궁의 붉은 단풍 숲 아래 멈추어버린 시간 속에 머물고 싶었다. 그러나 안 된다. 우리는 이 세상에서 멈추거나 후진할 수 없도록 만들어진 존재들. 사랑하는 사람들의 얼굴, 현재 우리의 행복, 내가 살던 마을의 형태 등은 모두 흘러가고 모두 변화되는 엔트로피의 준엄한 법칙을 피할 수가 없다.

우리가 머무르고 싶었던 그 순간들은 무엇인가? 왜 그 순간들은 절실하고, 왜 그 순간들은 우리 안에서 우리를 감전시키며 사라지지 않는 동경을 만드는 것인가? 그것들은 그림자이기 때문이다. 무슨? 그것은 곧 우리를 사무치게 만드는 무한하고 영원하고 경이로운 완성된 세계의 그림자인 것이다. 그곳이 아버지의 집이다. 그곳이 그리스도 안이다. 소녀야, 네가 초등학교 때 어느 겨울날, 강설의 풍경을
그리던 날 흘리던 눈물의 정체는 아버지와 분리된 슬픔이었던 것이다. 그리고 네가 나뭇가지 흔들리는 창문을 마주한 방에서 어거스틴의 고백록, 톨스토이의 부활, 도스토예프스키의 죄와 벌, 브론테 자매의 작품들을 읽으며 느꼈던 안정감은 주님 안에서의 안식의 그림자였고. 소녀야, 인생은 멈추거나 돌이킬 수 없는 여정이란다. 그러나 지나가지 않는 것도 있단다. 은혜로 구원받아 주님 안에 있는 네 존재, 네 안에 계신 주님

은 시간이 침식할 수 있는 것이 아니란다. 주님, 주님과의 관계, 주님의 생명, 주님에 대한 신앙, 주님 안에서 맺어진 네 가족과 네 영적 형제자매와의 인연 또한 영원한 것이다. 주님 밖의 것들은 모두 지나가지만 주님 안의 것들은 영원하다. 은혜로 구원받은 후 우리는 거기에 머물고 있는 것이다. "내 안에 거하라(요 15:3)" 그렇다. 우리가 그렇게 사무치게 머물고 싶었던 그 순간을 하나님께선 그리스도 안에서 우리에게 이루신 것이다.

우리가 이 세상에서 지나가고 사라지는 것에 대해 서러워했던 것은, 사실 지나가지 않고 사라지지 않을 주님 안의 것에 대한 계시였던 것이다. 우리는 이 병든 시간 속에서 병들어버린 세상과 함께 인생의 병을 앓으면서 저 병들지 않은 무한의 세계를 향하도록 훈련되고 있었던 것이다. 이를 위해 너와 나는 이 지상의 학교에 보내져서 인생의 목적을 배우고, 영원한 것과 순간적인 것, 높은 것과 낮은 것, 가치 있는 것과 무가치한 것, 사랑해야 할 것과 미워해야 할 것을 배웠던 것이다. 여기까지 오는 동안 네 마음 속에 생겼던 슬픔과 머무르고 싶었던 순간에 대한 동경은 이렇게 주님께서 너에게 주실 영원한 생명의 세계를 가리키고 있었던 것이다. 이제 너무 슬퍼하지 말라. 울지 말라.

그분은 모든 것을 아신다. 이제 너는 그분의 것이고 그분은 너의 것이다. 그분을 바라보라. 아직 우리에겐 지상 여행이 끝나지 않았지만 이제 곧 우리에겐 상상도 할 수 없는 이 지상 너머 영생의 지평이 열릴 것이다. 멀지 않은 시간 후 우리는 영광스런 그분 앞에 서서 이 세상의 슬픔과 빗물을 닦아낸 해맑은 얼굴로 서로를 확인하게 될 것이다. 믿어야 한다. 바라보아야 한다. 기도해야 한다. 인생은 그 영생으로 가는 정거장이었던 것이다.